高校德育与心理健康教育研究

靖 治 陈鹏悦 何红娟 著

延邊大學出版社

图书在版编目（CIP）数据

高校德育与心理健康教育研究 / 靖治, 陈鹏悦, 何红娟著. -- 延吉：延边大学出版社, 2022.8
　　ISBN 978-7-230-03676-4

Ⅰ.①高… Ⅱ.①靖… ②陈… ③何… Ⅲ.①高等学校－德育工作－教育研究－中国②高等学校－心理健康－健康教育－教育研究 Ⅳ.①G641②G444

中国版本图书馆CIP数据核字(2022)第149572号

高校德育与心理健康教育研究

| 作　　者：靖　治　陈鹏悦　何红娟
| 责任编辑：张艳春
| 封面设计：姬　玲
| 出版发行：延边大学出版社
| 地　　址：吉林省延吉市公园路977号　　邮　编：133002
| 网　　址：http://www.ydcbs.com　　E-mail：ydcbs@ydcbs.com
| 电　　话：0433-2732435　　传　真：0433-2732434
| 印　　刷：三河市嵩川印刷有限公司
| 开　　本：787毫米×1092毫米　1/16
| 印　　张：12.75
| 字　　数：230千字
| 版　　次：2022年8月第1版
| 印　　次：2023年1月第1次印刷
| 书　　号：ISBN 978-7-230-03676-4

定　　价：65.00元

前　言

随着高校教育的不断发展,高校德育被赋予了新的任务和责任,心理健康教育在高校教育中的地位也越发重要。因此,整合两者的关系,实现二者在推进高等教育发展中的作用是当前教育学界和教育工作者需要考虑的问题。德育与心理健康教育既有独立性,又具有互补性。两者的互补性体现在对高校学生思想素质的教育,保障高校学生思想和心理健康。分析两者间的互补性,有利于整合两者的关系,使德育与心理健康教育形成合力,共同促进高校学生思想素质和心理品质的提高。

高校德育和心理健康教育都是培养高校学生综合素质不可或缺的途径。高校德育与心理健康教育具有相同的出发点,即推动高校学生成长与成才,这为二者的紧密结合奠定了良好基础。

本书对高校德育与心理健康教育的相关问题进行了研究。首先,本书对高校德育的基础理论和高校学生素质的培养、德育过程及发展规律进行了论述;其次,本书探讨了创新高校德育的方法,分析了高校德育对高校学生个体全面发展的作用;同时本书对心理健康教育对德育的功能进行了探析,并且论述高校学生心理健康教育的内容机制;最后,本书讨论了高校学生人格发展与培养,网络环境下高校学生心理健康的教育模式与策略,以及新媒体时代德育工作者的素质培养等问题。希望本书对高校德育以及心理健康教育的研究,对进一步提升高校学生的思想素质,增强高校学生的心理健康水平,实现当代高校学生的全面、健康的发展起到一定作用。本书可为高校德育工作者和心理健康教育工作者提供参考。

撰写本书过程中,笔者参考和借鉴了学者和专家的观点及论著,在此向他们表示深深的感谢。由于时间仓促和笔者水平有限,书中难免会出现不足之处,希望各位读者和专家批评指正。

目　录

第一章　高校德育概述 1
第一节　高校德育的概念及高校德育研究的意义 1
第二节　高校德育的体系结构与科学定位 5
第三节　高校德育现状与创新发展 9

第二章　高校学生素质教育与德育过程及规律 16
第一节　德育与高校学生素质教育 16
第二节　当前高校学生思想存在的问题和高校德育环境 20
第三节　高校学生德育过程 25
第四节　高校德育过程规律 34

第三章　高校德育工作方法的创新 40
第一节　新形势下高校德育工作面临的挑战与方法创新 40
第二节　高校德育方法的内涵、特征与创新的及创新的条件及作用 45
第三节　高校德育方法创新的原则和内容 49
第四节　大众化背景下高校德育创新理念与对策 54

第四章　高校德育与高校学生个体的全面发展 62

第一节　高校德育个体发展价值实现的理论依据及现实要求 62

　　第二节　高校德育在个体全面发展中的作用 67

　　第三节　高校德育在个体全面发展中作用发挥的途径 73

　　第四节　高校德育个体发展价值实现的路径及保障 78

第五章　高校学生心理健康与心理健康教育 86

　　第一节　心理健康概述 86

　　第二节　高校学生心理发展的特点与心理健康标准 89

　　第三节　加强高校学生心理健康教育的意义与策略 92

　　第四节　高校学生心理危机及心理干预 95

　　第五节　高校学生常见心理健康问题及对策 99

　　第六节　高校学生积极心理品质及其培养途径 109

第六章　高校心理健康教育的德育功能 115

　　第一节　高校心理健康教育的德育功能研究的基本依据 115

　　第二节　高校心理健康教育的德育功能的发生与体现 119

　　第三节　高校心理健康教育的德育功能的实现与发挥的路径 123

　　第四节　高校心理健康教育对提高德育实效性的作用 128

第七章　高校学生人格的发展与培养 138

　　第一节　人格的定义与相关理论 138

　　第二节　高校学生人格发展的特点及人格障碍与解决 142

　　第三节　高校学生健全人格及其培养 147

第八章　网络环境下高校学生心理健康的教育模式与策略 152

　　第一节　网络环境下高校学生心理健康教育模式的构建 152

第二节　网络环境下高校学生心理健康教育策略 160

第九章　新媒体时代德育工作者的素质培养 172

　　第一节　新媒体时代德育工作者的素质 172

　　第二节　新媒体对德育工作者素质的影响及原因 179

　　第三节　新媒体时代德育教育工作者素质的培养路径 185

参考文献 194

第一章 高校德育概述

第一节 高校德育的概念及高校德育研究的意义

习近平总书记强调"要努力构建德智体美劳全面培养的教育体系，形成更高水平的人才培养体系"，并要求"把立德树人融入思想道德教育、文化知识教育、社会实践教育各环节，贯穿基础教育、职业教育、高等教育各领域"。无论是"德智体美劳"还是"立德树人"，德育都排在第一位。这足以说明德育在高校教育和青年成长中的重要地位和作用。

一、德育与高校德育的概念

概念是思维的基本工具，也是理论发展的基础。任何学科和理论的发展都是构建在一定的概念认识基础上的。因此，高校德育研究首先要弄清"德育"和"高校德育"这两个最基本的概念。

（一）"德育"一词的由来

从历史来看，中国古代并没有明确使用"德育"这一概念，也没有"德育"这一名词。"德"与"育"在中国古代有各自的含义，如《荀子·正论》"道德纯备，智惠甚明"；《荀子·劝学》"故学至乎礼而止矣。夫是之谓道德之极"，等等；"育"或"毓"古文中多作"养"之意，如《说文解字》"育，养子使作善也"；《易·蒙》"君子以果行育德"，"育德"即为"养德"，意思是"培养道德品性"。可见，中国古代虽没有"德育"一词，但从概念上来讲，已有现代意义上的德育的含义。同时，中国古代思想家留下了大量关于"德行修为"的论述，形成了中国传统思想道德教育文化，这也证明了中国古代"德育"的丰富思想和文化传统。

现代中国德育概念是对中国古代道德教育思想的继承和发展。有学者认为，1902年《钦定京师大学堂章程》最早使用了"德育"一词，并与"知育""体育"相区别，此处的"德育"正是道德教育之意。另外，1906年王国维在《论教育之宗旨》一文中也提出了"智育""德育""美育"和"体育"几种基本的教育概念，并把德育和智育、美育合成为"心育"，"心育"又正好成为与"体育"相对而用的概念，这里王国维所称的"德育"即"道德教育"之意。1929年唐钺等人编撰的《教育大辞书》认为："道德教育，训练道德品格之教育也，一称德育。"这些对德育概念的早期界定奠定了我国德育研究和相关概念阐释的基础。

（二）德育的概念

德育的概念逐渐从道德教育向包括思想、政治、道德等内容延伸，这使得当代德育在概念上有"狭义德育"与"广义德育"之分。狭义的德育又可以称为"小德育"，指道德教育，偏向于传统德育概念；广义的德育被称为"大德育"，指通过知识传授、观念养成、性格培养等途径来提高受教育者在思想观念、政治意识、行为规范、心理调适等方面的素质，包括思想（价值观）教育、政治教育、道德教育、法治教育、心理素质教育等内容。从内容上讲，"大德育"是针对狭义德育而言的。尤其是学校德育在思想、政治、道德教育等内容的基础上，更加凸显了世界观、人生观、价值观教育的重要性，强调公民意识教育，强调民族精神的塑造和社会主义核心价值观的培育，强调法律法规和制度规范等方面的教育，德育赋予了更多内容、更多内涵、更多使命和更多价值。因此，国内学术界也多偏向于从广义的角度对德育概念进行阐释。

教育界多使用狭义的德育概念，其具体的定义是"教育者按照一定社会或阶级的要求，采用一定的教育方法和手段，在遵循受教育者自身思想道德发展规律的基础上，有计划、有目的、有组织地对受教育者实施思想、政治和道德等方面的影响，并把社会所推崇的品德规范和要求转化为个人道德素质的教育实践活动"。

（三）高校德育概念

1995年国家教委颁布的《中国普通高等学校德育大纲（试行）》中指出："德育即

思想、政治和品德教育，它体现教育的社会性与阶段性，是学校教育的重要组成部分，它与教育、体育等相互联系，彼此渗透，密切协调，共同育人。"从这一高校德育的定义来看，高校德育是教育者按照党和国家的要求，有目的、有计划、有组织地对受教育者施加影响，使受教育者逐步树立正确的世界观、人生观、价值观，具有良好的道德品质，以及与社会主义现代化相适应的健康心态，成为社会主义"四有"新人。二十一世纪以来，在全球化、信息化和网络化特征日益明显的世界发展总趋势下，随着我国改革开放的不断深入，高校德育的内容比以往任何时候更加丰富，高校德育内容逐渐拓展到包括社会公德、职业道德、家庭美德等方面的教育，市场经济条件下诚信、守法等公民道德教育，生态伦理教育，道德教育，网络道德教育等在内的经济和社会生活的各个领域。高校德育也在主体性德育、实践德育、德育社会化等新的德育理念的影响下更加注重人文关怀、时代诉求和实际效果，更加符合对高校学生思想道德教育的实际需要，更加符合国家培养"德才兼备"新型人才的目标要求，更加符合社会主义精神文明建设与发展的要求。

二、高校德育的意义

（一）高校德育在高校教育中占有重要地位

党和国家历来高度重视高校德育工作，先后出台加强高校德育工作的一系列文件，并多次召开全国高校思想政治工作会议。这些都极大地推动了高校德育工作的发展，也是党和国家对高校德育工作的高度重视和德育在教育工作中具有重要地位的体现。全面发展的理念凸显了高校德育的重要性。

习近平总书记同北京大学师生座谈时指出："道德之于个人、之于社会，都具有基础性意义，做人做事第一位的是崇德修身。这就是用人标准为什么是德才兼备、以德为先，因为德是首要、是方向，一个人只有明大德、守公德、严私德，其才方能用得其所。"习近平总书记要求广大青年树立和培育社会主义核心价值观时要在"勤学、修德、明辨、笃实"上下功夫，加强道德修养，注重道德实践。由此可见，党和国家一直高度重视道德教育，尤其是青少年学生的思想道德教育。这就要求高校要高度重视德育工作，认真落实教育方针，把素质教育的理念和要求贯穿高等教育的全过程，不断推进高校德育工作理论研究和实践创新。

（二）高校德育是进一步发挥高校德育价值功能的现实要求

高校德育具有政治、经济、文化和育人等多方面的价值。高校德育的政治价值主要体现在高校德育强调德育的优先地位，突出对高校学生政治立场、政治信念、政治辨别力和先进政治文化的教育，保证高校教育沿着正确的政治方向前进。高校德育是高校培养出符合党和国家事业发展的需要，德智体美全面发展的社会主义事业建设者和接班人。高校德育推进社会主义改革发展和现代化建设顺利进行，为实现中华民族伟大复兴提供强有力的思想政治保证。高校德育的经济价值体现为高校德育对高校学生进行正确的世界观、人生观和价值观的教育，对个人利益和集体利益辩证关系的科学分析，对高校学生综合素质的全面提升等方面。高校学生在专业知识、专业技能不断提高的同时，综合素质尤其是道德素质、心理素质等也能得到综合全面协调发展，这必将为社会主义市场经济的快速健康发展提供充实可靠的人才资源。高素质劳动者和专门性人才的出现，又为把我国建设成为人力资源强国，促进我国社会经济又好又快发展提供有力支撑。高校德育的文化价值主要表现为高校德育作为选择、传播和发展文化成果的基本手段和途径，在优秀传统文化的传承与创新，对高校学生民族精神的培育，在社会主义核心价值观的弘扬与践行等方面都具有重要作用。通过高校德育，不仅可以改变高校学生的精神面貌，而且可以进一步对全体社会成员的价值观念和道德行为形成示范和引领效应。最后，高校德育的育人价值主要体现为高校德育通过自身的教育功能在培养人、塑造人等方面具有的重要价值。高校德育不仅发展了高校学生个体的个性特征，而且促进高校学生个体发展与社会发展要求相适应。高校学生在道德情感、道德认知、道德态度、道德能力和道德行为，以及思想、智慧、知识和心理等方面都获得发展，完成高等教育立德树人的重要使命。

第二节 高校德育的体系结构与科学定位

一、高校德育的体系结构

高校德育体系是国家对高校德育工作与高校学生思想道德素质的全面要求。我国高校德育体系由高校德育的目标、内容、原则、途径、考评和实施管理等部分所组成，其实质是包括施教者、受教者、教育媒介和教育环境等为基本结构的系统工程。

高校德育的体系结构回答的是高校德育"为什么""是什么"的问题，这不仅是高校德育的价值和地位的体现，也为高校德育发展指明了方向，为德育体系的其他要素的确立提供了依据。德育目标是高校德育工作的出发点和最终归宿，明确的德育目标是构建科学合理的高校德育体系的前提要求。从根本上来说，我国高校德育的目标就是为了培养和提高高校学生思想道德素质，促进高校学生德智体等方面的全面发展。从内容层次上来说，高校德育目标又可以分为政治目标、思想目标、道德目标等具体目标。高校德育内容是根据高校德育目标的要求和我国高等教育的根本任务而设置的用于形成高校学生思想道德品质等方面的知识、理论、观点、准则和规范等的总和。当前，我国高校德育内容主要包括政治教育、思想教育、道德教育和心理健康教育。其具体内容有马克思主义基本原理、毛泽东思想和中国特色社会主义理论教育，爱国主义教育，党的路线方针政策和形势教育，法治教育，人生观教育、道德品质教育、学风教育、劳动教育、审美教育、心理健康教育等。

高校德育的原则和方法体系说明了高校德育"怎样做"的问题，在方法论上指导着高校德育工作和具体实践。高校德育要坚持方向性原则，即要坚持社会主义方向，坚持以马克思主义为指导，坚持以社会主义核心价值观引领高校德育朝着正确方向不断发展；坚持理论联系实际的原则，在思想政治理论研究和教育的过程中要紧密结合当今世界和我国改革开放过程中经济社会发展的实际情况和高校学生的思想实际，重视德育实践化和社会化发展的趋势，改变传统德育过程中理论脱离实际等不利于德育教育的方式方法；坚持继承和创新的原则，不断继承和发扬中华优秀传统文化中优秀的德育思想和道德传统，继承和弘扬中国共产党领导人民在革命、建设和改革开放历史进程中形成的优良的德育传统和先进的德育理念，学习和借鉴国外德育理论和实践上积累的成功经验，弘扬和传承人类先进的精神文明，不断进行理论和实践创新，不断改革德育内容与方式方法，使德育更好地满足党和国家对素质型人才发展的需求。同时，高校德育还要坚持整体性原则、层次性原则、教育与自我教育相结合的原则、教育与管理相结合原则等多方面原则。

实施管理体系明确了高校德育"谁来做"的问题。高校德育必须要有健全的领导体制、专门的实施机构、得力的师资队伍、不断完善的制度规范，以及必要的经费投入和各种物质保证等。高等教育管理部门和学校党委必须协同学校行政管理部门，加强德育工作在指导思想、工作方针、总体规划与实施等方面的领导，成立校、院（系）两级专门的德育领导和管理部门，配备专职德育管理人员和专职或兼职研究人员。要保证学校党委宣传部、学生工作部、"两课"的教学部门、教务处、学生处、团委等主要的负责组织实施德育的职能部门之间能够相互协调、密切配合，形成齐抓共管、有力且有效的德育管理工作机制。需要指出的是，德育体系的基本要素之间相互联动、有机结合，共同构成了高校德育的体系结构。新时期，高校德育体系各个构成要素都在随着我国社会、经济、政治、文化的发展和教育体制改革而不断实现自我完善，并经常处于动态变化之中。因此，高校德育发展创新必须要高度重视德育体系尤其是实施管理体系的构建工作，形成科学、规范、有效的高校德育运行管理机制。

二、高校德育的科学定位

（一）高校德育要把政治方向摆在首位

政治方向是一个人的政治观点和立场，一般指一个人对待阶级、政党、国家的基本观点和态度，是一个人思想品德的重要内容。它往往决定和制约着一个人的思想品德发展方向。坚持正确的政治方向是我国高校德育的首要任务，这不仅关乎高校学生能否成为社会主义现代化建设的合格接班人，而且直接关系到我国高校德育乃至整个高等教育发展的性质和方向。要坚持走中国特色社会主义道路，要实现中华民族伟大复兴的中国梦，必须培养具有坚定理想信念、坚定政治立场的高校学生。高校德育要引导和帮助高校学生形成正确的政治价值观，具备一定的政治鉴别力、政治敏锐性和政治洞察力，增进高校学生对党和国家各项重大方针政策的理解和认同，使高校学生成为积极贯彻执行党的路线、方针、政策的坚实力量。高校德育要教育和引导高校学生在改革开放和社会主义市场经济发展的进程中能够始终自觉维护党和国家以及全体人民的根本利益,拥护中国共产党的领导和中国特色社会主义制度,坚持党在社会主义初级阶段的基本路线,树立为中华民族伟大复兴和社会主义现代化建设事业奋斗前进的坚定信心,树立为共产主义远大理想和人类解放而不断奋斗的坚定信念。当前,各高校要不断完善学校领导体制,加强高校党组织建设,加强党组织对高校德育工作的全面领导,确保高校德育沿着正确的方向前进,确保高校德育在高等教育全局中的战略地位和作用得到真正落实。要加强学生党员的思想、组织和作风建设,按照党员的宗旨和标准对学生党员进行经常性的教育,严把质量关,努力做好学生党员的教育、选拔和培育工作,使品学兼优、德才兼备,思想政治素质好、党性强的高校学生成为党员队伍建设的后备人才。

(二)高校德育要以培育和弘扬社会主义核心价值观为核心

社会主义核心价值观是社会主义核心价值体系的抽象概括和提炼,是社会主义核心价值体系的内核和精神实质。社会主义核心价值观在中国特色社会主义所有价值目标中居于支配地位,对一切领域的价值目标具有统摄作用,在价值内涵上与社会主义核心道德价值体系具有高度的一致性。正如习近平总书记指出:"核心价值观,其实就是一种德,既是个人的德,也是一种大德,就是国家的德、社会的德。""国无德不兴、人无德不立。"高校学生作为国家与民族的未来与希望,他们的思想道德状况和价值观取向对社会其他群体的思想发展与价值选择产生重要的影响,具有特殊的示范引领效应。把高校学生培养成为自觉践行社会主义核心价值观的示范力量和引领群体,对于国家公民道德建设乃至于整个文化繁荣与发展的全局都具有重大意义。高校德育要自觉把建设社会主义核心价值体系,培育和弘扬社会主义核心价值观作为中心任务和核心内容;把社会主义核心价值观融入高校德育乃至高等教育整个体系,主动用社会主义核心价值观引领社会风尚和时代潮流;培养高校学生的民族精神、爱国精神和时代精神,加强集体主义和社会主义荣辱观教育,增强高校学生对优秀传统文化和社会主义先进文化的认同;增强高校学生对社会主义制度、社会主义道路、社会主义理论的自信;增强高校学生为实现中华民族伟大复兴的中国梦而努力奋斗的历史使命感和责任感,让高校学生成为自觉践行社会主义核心价值观的积极力量。

（三）高校德育要以学生为本

高校德育最终目标是通过德育提高高校学生的思想道德素质,因此要贯彻以学生为本的价值理念。高校德育要坚持以学生为本,坚持以促进高校学生全面发展为最根本的价值原则。坚持以学生为本,要充分尊重高校学生在德育中的主体地位,把高校学生作为德育实践的主体,促进高校学生积极主动、自觉、持续地进行自我道德教育;要尊重高校学生在思想认识和道德情感上的差异性,将自由、平等、公正、法治等社会主义核心价值观融入校园文化建设,充分发挥"以文化人"的重要作用,积极推进以高校学生为主体的大学精神和大学文化建设。把素质教育和现代教育理念贯彻到高等教育全部工作中,让文化素质教育成为提升高校学生思想道德素质和其他各方面素质全面发展的强大动力。同时,坚持以学生为本,要切实把高校学生作为德育的价值主体,让高校德育甚至整个高校教育工作都能够从学生德智体全面发展,尤其是思想政治道德素质发展的内在需要出发,满足高校学生全面发展和健康成长的需要。

（四）高校德育要以学科建设和人才培养为根基

学科建设不仅是高等教育不断发展的基本依托,同样是高校培养合格人才的基础条件和重要保证。在高等教育不断实现跨越式发展的新时期,各高校都在不断调整学科结构和布局,优化学科设置和学科体系。高校学科建设整体上呈现出基础学科与应用学科、传统学科与新兴学科、特色学科与优势学科共同发展、相互融合、相互促进的发展态势。高校德育要进一步实现自身的学科价值,巩固自身在高校学科体系中的独特地位,必须要不断彰显自身的学科特点,提高学科建设水平,支撑高校德育不断实现创新发展。各级教育主管部门和各高校要重视高校德育学科建设,把高校德育学科建设真正纳入高校学科建设总体规划中,进一步优化高校学科专业设置,贯彻执行国家教育方针、政策,落实"育人为本、德育为先"的根本理念。根据不同高校的办学特点和属性,在一级学科、二级学科建设中科学合理地设置德育课程。高校在加强专科生、本科生德育的同时,重视德育学科研究生、博士生的培养和学科建设工作,为培养专门性德育学科建设人才奠定专业基础;同时,高校要借助学位、学科建设,做好学术梯队建设和人才队伍培养工作,为我国德育工作的发展奠定人才基础。

（五）高校德育要以改革创新为动力

改革创新是当今时代精神的核心,是推动我国社会整体发展和政治、经济、文化等各项事业不断进步的精神支柱和力量源泉。改革创新既是我国经济社会持续发展的需要，也是各项社会事业不断发展的动力源泉。高校德育要在新时期战胜各方面的挑战，突破自身发展和价值实现的各种瓶颈，唯有不断实现高校德育在内容、方式方法和实践模式等方面的改革创新，否则高校德育就难以适应高等教育改革和素质教育全面发展的要求。高校德育改革创新要坚持理论创新和实践创新相结合，吸收新的教育理念和德育思想，加强对新时代高校学生个性心理和身心成长发展的研究；在坚持德育基本规律的基础上研究新的教育形式和教育手段，不断挖掘新的德育资源，发挥社会团体、党政部门、家庭、学校、教师和学生自身在高校德育中的作用，形成不同主体之间相互影响、相互促进、良性互动的高校德育合力机制，提高德育的整体效应。

第三节　高校德育现状与创新发展

一、当前高校德育的发展机遇与面临的挑战

随着我国改革开放的不断深入，我国社会经济发展取得了前所未有的成就。高校德育工作要把握新环境、新情况和面对新问题，准确把握和应对社会主义新时代高校德育面临的机遇与挑战，以更加明确高校德育的重要使命和未来发展的趋向。

（一）社会主义市场经济体制的发展向高校德育发展提出新的要求

道德属于思想文化的范畴，其形成发展受到生产力发展水平和经济状况的影响。二十世纪八十年代以来，随着我国社会主义市场经济不断发展，经济体制逐步完善，我国经济整体水平已经位居世界前列。虽然我国人均可支配收入还与发达国家还有很大差距，但是随着城乡一体化不断发展，城市居民和农民的收入逐年提高，人民群众的物质文化水平在逐年提高，社会主义市场经济的活力日益展现，市场经济发展给国防、科技、医疗卫生、体育文化及各项民生事业的发展提供了基础保障。

随着市场经济的发展，市场经济存在的盲目性、自发性、滞后性等弊端也日益显露。

社会上的一些成员出现拜金主义、享乐主义倾向。这些现象不仅对高校德育提出了新的任务要求，同时向高校德育提出新课题。高校德育如何引导高校学生的世界观、人生观和价值观，提高高校学生的思想素质，这些将成为市场经济条件下高校德育工作新课题。

（二）全球化和价值多元化给高校德育带来的机遇与挑战

全球化背景下，世界不同国家和不同地区之间的经济贸易、政治、文化和民间交往越来越频繁。随着我国对外开放的不断深入，有利于国外先进的教育思想在中国的传播，有利于我国充分利用国外的德育资源，借鉴国外先进的德育经验和理念，推动我国德育改革、创新与发展。对于教育包括德育而言，同样需要不同国家之间的相互交流、相互学习、相互借鉴，取长补短。全球化背景下多种德育资源的涌入正是为我国选择、批判和借鉴国外的德育理论创造了契机，而通过批判与借鉴为促进我国德育在内容、形式和方式方法等方面进行创新提供新的动力。同时，随着全球化的发展，世界各种社会思潮相互激荡，不同国家的世界观、人生观、价值观和多样化的意识、思维方式通过不同的文化产品和载体对高校学生产生极大影响。对高校学生而言，不同思想文化中既有积极的因素，也有消极因素。这些消极因素可能成为阻碍高校学生思想道德和价值观走向健康、成熟的重要因素。因此，全球化同样给我国高校德育带来前所未有的挑战，高校德育在这种背景环境下，无论在德育的理念、德育的内容、德育的方法和途径，以及德育的实际效果等方面都面临着许多新问题，德育理论与实践创新的任务更加紧迫也更加艰巨。

（三）信息化和新媒体的发展给高校德育带来了新的机遇与挑战

当今全球化时代最为鲜明的特点是信息化。随着高科技和网络媒体的飞速发展，人们获得知识信息的手段越来越依靠于互联网和新媒体技术。高校学生作为文化水平和应用能力较强的网络用户群，网络和新媒体更是成为高校学生了解世界、接受教育的重要手段。高校德育可以借助网络媒体这一重要平台更加快捷、更加灵活有效地对高校学生进行德育教育。例如，一方面，利用网络新媒体平台，可以更好地实现师生互动，提高高校学生自我德育能力；另一方面，通过网络德育环境和德育内容的设置和创新，可以更好地把德育理念渗透在不同的网络教育资源中，更加易于被高校学生所接受，增强高校学生德育主体意识，提高德育的实际效果。同时，也要看到网络新媒体的虚拟性等特点，给高校学生德育工作造成了新的挑战。网络新媒体虽然是大量优秀文化资源传播的平台，但是也存在一系列不利于高校学生健康成长的因素，包括错误的思想观念和价值观，例如各种不健康的信息、负面言论等，都对高校学生的价值观和道德意识造成严重冲击和不良影响。在这种情况下，高校德育不仅要预防并应对网络新媒体负面信息的影响，及时纠正、引导高校学生的思想认识，培养高校学生信息辨别能力和甄选能力；同时要加强网络道德教育的研究，提高网络道德教育能力，协同相关部门做好网络信息维护和监管，推动对学生的网络伦理教育和网络立法工作，促进高校学生成为理性、守法的网民，成为具有良好网络道德品性的网民。

（四）坚定"四个自信"对高校德育工作提出了新的更高要求

我国进入全面建成小康社会和中国特色社会主义新时代。经济社会发展目标和任务的变化，政治、文化、社会等领域体制机制的改革必然在教育事业包括高校德育工作中体现出来，同时社会经济的发展需要高等教育的发展来培养合格人才。在这种背景下，坚定中国特色社会主义道路自信、理论自信、制度自信、文化自信，促进马克思主义中国化、大众化、时代化，彰显社会主义核心价值的优势。这些对高校德育工作提出了更高的要求。高校德育不仅要继续坚持"育人为本、德育为先"的理念，更要从党和国家战略发展的全局出发，从中华民族伟大复兴和实现中国梦的长远目标出发，提高高校学生的思想道德素质和科学文化素质，培育和引导高校学生树立社会主义核心价值观，增进高校学生对中国特色社会主义共同理想的信心和信念，高校德育成为统一思想认识、培养高素质人才、提升民族精神、增强社会活力的强大动力和重要阵地。

二、高校德育创新发展的着力点

"创新是一个民族进步的灵魂，是一个国家兴旺发达的不竭动力，也是一个政党永葆生机的源泉。"高校德育创新是高校德育在新时期、新的历史条件下迎接各种挑战、解决各种重大难题的根本路径。面对新情况、新问题，高校德育只有坚持育人为本、德育为先的教育理念，通过不断创新德育思维、德育模式、德育平台和德育活动，进一步推动德育工作整体创新，才能为高校德育发展寻找到新的更好的路径。

（一）推进德育理论创新，为高校德育创新奠定理论基础

任何一门科学的发展都离不开自身的理论创新。先进的理论是进行科学决策、正确

行动的前提条件。只有不断推动高校德育理论创新,才能够为整个高校德育创新提供强大的思想动力。首先,要不断实现德育理念创新。各高校必须坚持以马克思主义基本理论作为德育工作的根本指导思想,以马克思主义中国化、时代化、大众化的最新成果指导具体实践,坚持从学生的实际需要和全面发展出发,把科学发展的理念落实到德育工作的各个环节,真正落实党和国家关于素质教育的政策要求,坚持育人为本、德育为先;坚持解决思想问题与解决实际问题相结合,把社会主义核心价值体系建设和社会主义核心价值观的培育作为高校德育的重要任务和核心内容。以中国梦引领高校思想政治教育,激发和培育高校学生的民族精神、时代精神和荣辱观念,促进高校学生思想政治素质和其他各项素质得到全面发展。其次,要紧密联系社会发展和高校学生思想道德建设的实际。高校德育创新必须克服"就创新而谈创新",真正实现理论研究和管理工作的与时俱进,紧密结合社会环境变化和高校学生思想道德素质变化的具体实际,不断调整德育内容、创新德育手段、拓宽德育路径,从而把德育理论研究建构在德育实践发展现实需要的基础上。通过实践经验的深刻总结推进德育理论的丰富与发展,进而更好地指导实践,增强德育实效。再次,要处理好理论的继承、发展、创新与借鉴等多种关系。高校德育要继承和发展党在革命、建设和改革的伟大实践中形成的思想政治教育优良传统和中华传统文化中所蕴含的道德教育的优良传统,否则高校德育创新必将是无源之水、无本之木,没有生机,缺乏活力。同时,高校德育理论研究必须重视借鉴国外德育的先进理论和成功时间,吸收并利用相关学科研究的最新成果,形成高校德育同其他相关领域学科整合发展的趋势,不断利用国内外相关学科的最新研究方法和研究手段,加强对高校德育最新领域的研究拓展,加大对高校德育重大理论与现实问题的攻关力度,力争取得突破性研究成果。最后,要增强问题意识,坚持问题导向。高校德育研究要不断关注全球化、信息化和知识经济时代的飞速发展和我国改革开放的深入推进,以及由此而产生一系列新的、更加复杂问题和社会现象。这些问题与社会现象对高校学生思想素质的提高与发展带来深刻影响,对社会热点问题和现象做出积极回应,正确引导高校学生,深入研究新的历史时期,加强高校德育工作,对提升德育效果,破解德育难题,实现德育价值,不断推进高校德育的创新与发展具有重要作用。

(二)推进德育实践创新,为高校德育创新提供根本动力

理论发展的根本动力在于实践,理论价值实现的根本途径也在于实践。高校德育理论是否正确,德育方式方法是否可行,德育效果如何,既不可能凭借主观意识来考察,

也不可能凭借理论本身去解决，必须通过一定的社会实践去检验。高校德育要从根本上实现创新发展就需要不断推进德育实践创新，借助不同的实践活动和实践平台来提高德育效果。近年来，我国高校德育社会化发展的经验表明，高校德育实践活动对于提高德育的参与性、主体性和针对性与实效性等具有重要意义，开展丰富多彩的德育实践可以更好地把德育理论和社会道德规范内化为高校学生的道德行为，增强德育效果。当前，高校德育在"实践"这一环节上还存在很多问题，例如实践活动的内容雷同，形式较为单一；德育实践多是从学校学科建设和项目申报等方面考虑而不是从高校德育的目标去考虑；德育实践活动的开展多以学生组织为主，学校给予的支持力度还不够，等等。另外，高校德育实践教学还没有得到充分重视，其发展步伐还不能满足德育实际需要，这也是高校德育实践中存在的突出问题。高校学生德育实践教学的内容与社会发展不脱节，远远不能满足高校德育教育的需求，严重制约了高校德育实践教学的开展。因此，实现高校德育实践创新显得十分必要。高校德育实践创新主要做到以下几点：首先，要加强德育实践主题、内容、形式创新；要根据当前的社会实际、国家建设和高校学生思想发展实际需要来制定实践主题，选择实践内容，开展创新精神、爱国主义、团队合作意识、社会公德教育、文明礼仪、民主法治与社会主义核心价值观等不同主题的德育实践。把思想政治、国情民情、道德法律、心智与个性发展等德育层面的内容融入德育实践中，建立科学合理、层次分明的德育实践内容体系，结合学生主体接受的习惯和能力，开展形式多样、富有成效的德育实践活动。其次，要充分利用可能的德育资源，发挥不同载体的德育功能。高校要组织开展各类社会调查、志愿者活动、公益活动，积极组织主题班会、报刊、书籍、影视作品、辩论演讲比赛、校园文化节、三好学生评选、道德模范师生评选等活动，发掘革命纪念地、烈士陵墓、文化遗迹、名人故居、文化场馆等思想政治实践基地的德育资源；充分支持并利用学校社团组织开展德育实践活动，发挥校园文化建设尤其是校园网络思想文化建设的德育功能，使高校学生能够在良好的德育文化氛围中健康成长，提升自身的思想文化素质。最后，要进一步提升德育课堂的思想政治教育功能。充分利用各种德育素材，更好地把现实生活和中华优秀传统文化融入德育，要更多地利用课堂讨论、师生互换角色、道德演讲、影视多媒体教学等形式，培养高校学生的创新精神、协作精神、合作意识、竞争意识等现代社会所需要的思想道德素质；高校学生评价社会现象，以增强德育实际效果。

（三）加强队伍建设，为高校德育创新发展提供可靠的组织保障

高校全体教师尤其是德育教师的思想素养和综合素质直接影响到高校德育效果，他们是最直接而重要的德育力量，也是高校德育的基础。重视并加强高校德育队伍的选拔、培育和使用，对于破解德育难题、提高德育效果具有重要意义。首先，高校要重视并提高德育工作者的综合素质。各高校要把德育师资培训作为重要工作抓好，把师德师风建设与德育教师的专业素养培训等作为常态化工作纳入学校工作。采用师德培养与专业培训、集中学习与分散实践、外部促进与自我提高，以及师生互动互进等相结合的方式，提高高校德育队伍的育德能力、创新能力、研究能力，培养一批政治立场坚定、业务能力突出、作风正派并具有奉献精神、责任意识、服务精神的高素质德育队伍。其次，必须解决德育教师和德育管理者不一致的问题。长期以来，在我国高校德育环境中，高校德育教师大多承担着德育知识的教学和科研工作，班主任、团委、学生工作部等更多的是承担着高校德育工作的管理。教师与管理者的职责划分十分明确，工作衔接不紧密，沟通少，协作少，这导致高校德育很难形成合力。教师在教学科研上过于重视理论性，缺乏实践性。管理者倾向于具体事务，忽视了运用德育知识去指导德育实践和德育工作，这也是造成目前高校德育针对性、实效性不高的重要原因之一。要解决这一问题，高校必须严把师资关，重视德育师资队伍的人才培养和引进，让德才兼备、专兼结合、科研能力和管理能力较好的优秀教师和管理人员进入德育队伍，并为德育教学、科研、管理工作提供更多的物质技术、政策制度、精神文化等多方面的支持。德育教师必须更多地与管理者和管理部门联系沟通，以获取高校学生思想倾向的第一手资料，使教学科研更加切合实际、更加符合高校学生思想素质发展的要求，以提高高校德育队伍整体实力。再次，要不断创新高校德育工作者的工作考评机制，提高高校德育工作者对德育工作的工作热情。加强高校德育队伍建设必须建立科学合理的德育队伍考评机制，在年度考核与奖惩、职称与职位晋升等关键环节上形成制度性、机制性的考评制度，对德育教师既要重视其德育方面科研成果的考评与运用，又要重视对其教学实践和实际效果的考核，重视学生对教师教学等方面的评价和反馈。对德育管理者要从管理的效果、管理的成就、师生对管理者的评价等方面进行考评，同时保证德育管理者在工资待遇、职位职称评定、课题申报、教学设备、学习交流、学历提高等方面与专业教师具有同等的权利和机会，使德育教师能够更好、更专心地从事德育实践和研究，成为高校德育创新发展的核心推动力。

（四）不断拓展德育未来研究新领域，促进高校德育全面发展

高校德育创新要求高校德育不仅要紧跟时代步伐，解答回应时代问题，同样要求高校德育在纷繁复杂、不断变化的社会因素的影响下，提高德育的前瞻性、预测性和主动性。不断拓展高校德育研究的新领域，为德育工作做出科学有效的决策，更好地解决实际问题提供可靠的理论依据，逐渐改变以往德育被动、低效和重复研究的问题，以适应国家和社会发展对高校德育的新要求。当前高校德育出现了许多新的研究领域，如隐性德育教育、全球德育教育以及德育社会化、实践化等等，特别是随着互联网新媒体技术的发展运用，影响高校学生价值观和思想意识的因素更多地通过网络化的途径展现出来。高校德育必须着力研究网络道德教育的这一新领域，把网络道德教育作为高校德育研究的重要部分，在网络德育的内容、方式方法和具体途径等方面不断深入。网络新媒体技术的出现，传统信息接收和信息分配方式发生了变化，社会不同群体的交往、生活、生产方式，包括人们的思维方式都在不断发生变化，社会经济、政治、文化等各领域的发展变化影响人们的思想意识。高校学生作为知识文化水平较高并广泛接触和使用网络新媒体技术的社会群体，他们的情感、思想和道德更加容易受到网络新媒体的影响，而虚拟的网络世界对高校学生思想意识的影响是潜移默化的，这既为高校德育提供了新的技术手段和新的有效途径，同时也使得高校德育面临着更加错综复杂的环境，面临新的挑战。在网络环境下和虚拟社会中，高校如何对高校学生进行思想道德教育，如何实现传统思想政治教育的现代德育转换，如何避免网络环境的负面影响，如何在虚拟社会中加强高校学生的诚信教育、法治教育和中华传统文化文明教育，等等，这些都是网络时代高校德育必须回应的现实问题。各高校要积极开发网络德育资源，实现网络发展与网络德育的良性互动，全面优化和升级高校德育环境，充分发挥网络平台的德育功能，培育高校学生的网络伦理和网络道德文明的意识，高校学生能够文明上网、合法用网，成为有理想、有文化、有道德、有纪律的社会主义现代化建设事业合格建设者和可靠接班人。同时，高校德育研究还要关注全球化、信息化时代所带来的一系列思想意识问题，以及可能出现的德育问题；重视高校学生在学习生活和实习锻炼期间的思想道德教育问题，关注高校学生的情感心理变化，及时对高校学生进行人文关怀和帮助，努力拓展高校德育研究的新领域。

第二章　高校学生素质教育与德育过程及规律

第一节　德育与高校学生素质教育

一、德育与高校学生素质教育的关系

由应试教育向素质教育转变，这是我国教育思想、教育观念、教育模式的一次重大改革。素质教育的宗旨是培养全面发展的高素质人才。素质教育观认为教育活动应当指向人的整体的、全面的素质发展，使人的整体品质、全面素质得到提升，即先天的生理素质及后天环境和教育影响下发展起来的心理素质和社会文化素质得到全面发展。因此，德育在素质教育中肩负着重要使命。

素质作为人的一种基本品质结构，具有很强的复合性，是品格、智慧、知识、能力的综合，实际上它是人的品格、智力、智慧、能力的综合。素质一定要包括知识、能力，但它又建立在知识、能力之上，更体现人的内涵、更强调做人的根本。思想政治素质是最重要的素质，因此不断培养学生的爱国主义、集体主义、社会主义思想是素质教育的灵魂。思想政治素质不仅直接影响高校学生的发展方向和发展动力，而且也直接影响其科学文化素质的形成和发挥。在全面推进素质教育过程中，必须把德育置于核心地位。以德育为核心，要求学校坚持正确的政治方向，发挥德育在素质教育中的导向、动力和保证作用，为智育和其他方面的教育提供精神动力，为学生的全面发展提供思想政治保证。以德育为核心，必然要求实现德智体美之间的良性互动，通过德育渗透其他方面的教育，保证智育、体育和美育健康发展，同时又通过其他方面教育的发展为德育奠定坚实的基础。

德育的根本任务是提高高校学生的综合素质，特别是提高政治素质、理论素质、思想素质、道德素质、心理素质。培养高校学生素质的主要任务是提高他们的思想道德素质、综合能力素质和适应性。德育核心地位的确立，重新认识教育功能和教育价值。高校德育要培养学生坚忍不拔的意志、艰苦奋斗的精神、团结合作的作风，以及适应社会生活的能力，特别是要从传统的知识、专业、技能等延伸到学生的精神世界，要更多地注重学生理想信念、道德人格和思维方式的教育。

（一）从素质教育的角度实践德育

思想道德素质主要体现在学生的基本政治观点、道德认识能力和道德行为上，也就是认识问题、解决问题的能力，这种能力是坚定正确的政治方向、履行崇高的政治理想的基础，也是养成良好行为习惯的基础。多年来，高校德育在学生的思想道德教育方面作了大量的工作，投入较大，取得了一定成效。但其实效性与预期目标尚有一定的差距，其原因之一就是科学、规范的素质教育体系还没有完全建立，使德育游离于素质教育体系之外。这种情况一方面限制了德育在素质教育中的核心作用的发挥；另一方面导致高校学生对德育在其人生发展过程中的重要意义缺乏足够认识，对素质缺少全面的理解，没有把思想道德素质的提高作为一项重要任务，对培养综合素质缺少足够的重视，以致在一定程度上忽视道德认知能力和心理调适能力的提高。部分学生道德行为失范，甚至走向违法犯罪的道路。

因此，有必要从素质教育的角度来分析、研究、实践德育，强化素质德育观，致力于思想道德素质的全面发展，才能更好地适应社会主义新时代对人才素质的要求，担负起培养"四有"人才的重任。

（二）德育在素质教育中的整合功能

随着我国经济的快速发展和物质文化生活的不断丰富，高校德育必须适应新形势的要求，扩大功能范围，拓宽服务领域，在促进人的素质的全面提高上发挥导向、动力和保证作用，为教育提供精神动力，为高校教育和高校学生的全面发展提供思想保证。

高校德育除了要充分发挥对高校学生的健康成长和对学生工作的导向、动力、保证作用外，还应适应新形势下人才素质要求的变化，承担整合功能。所谓整合功能，是指学校德育对智育、美育和体育等在学生成长中产生的不同影响和作用，具有统一、调整和综合的职能，进而达到提高学生综合素质的目的。德育活动把高校学生的专业知识转化为能力，使其与非智力因素的有机结合，成为促进生产力发展的有生力量，是德育在新的历史时期创新发展的重要内容。

高校德育在素质教育中重要角色是通过组织道德教育、学风教育、劳动教育、审美教育、心理调适和咨询，将政治素质、思想素质、道德素质、心理素质同高校学生的科学文化知识教育融为一体，把高校学生培养成具有一定的科学理论知识，具有较强的社会实践能力，能主动适应社会主义市场经济、社会主义现代化建设和未来工作需要的复合型人才。

二、德育在高校学生素质发展中的作用

（一）德育在素质教育中起着不可替代作用

素质教育注重培养和提高学生的素质，突出素质形成过程中的主体内化机制，使学生获得的知识和能力经过自身的"消化"，内化于心，最终积淀于学生身心组织之中而形成素质。德育在素质教育中有以下几点作用：

1. 德育在素质教育中起着定向和导向作用

德育在素质教育中起着定向作用，是指德育对学生在素质形成、发展及其成长过程中给予方向性的影响，使他们朝着党的教育方针和德育目标发展。定向解决学校培养的学生"为什么学"的问题。德育能够在素质教育中发挥定向作用，这是由它的内涵所决定的。德育要解决学生的立场、观念、思想、道德、行为、习惯乃至世界观、人生观、价值观和对人、对国家、对自然的准则等问题。这些问题体现着学生的思想意识倾向，对他们的心理活动和行为活动起到定向作用。德育虽然只是学生思想素质、政治素质、道德素质等形成和发展的外化因素，但它的方向性决定了其对学生素质的导向力量。高校德育对学生进行正确的导向，这是客观现实的需要。发挥德育的导向作用，离不开两个方面：一是内化的心理品质引导，使学生把提高综合素质作为自己的内在需要；二是外在的规范的约束导向，学生增强自律意识和能力，懂得做人的基本准则，不断追求完善的人格。

2. 德育在素质教育中起着积极推动和维持的作用

人的道德素质是其他素质形成和发展的思想基础。行为科学理论认为，发自内心的内驱力是一种最强大、最长远的动力形式。而不断提高需要层次、树立远大的目标，是

增强内驱力的关键。理想一旦形成，就能成为学生的行为动机，成为实践活动的强大推动力量。发挥德育在素质教育中的动力作用，主要通过思想道德品质素质的培养和提高，促使学生把社会发展的需要作为其自觉追求的内在需要；树立远大的目标，将其作为人生奋斗的精神支柱，保持良好的精神状态，努力把自己培养成为一个全面发展的人。

德育的维持作用，也可以称为支持作用。学生的思想道德意识之所以往往出现反复，是因为他们的思想道德素质正处于初步形成阶段，心理发展尚不够成熟，缺少一种维持力量，容易被外界的各种因素所影响。人的素质一旦形成，就会以较稳定的形式表现和反映出来，在各种不同的场合，显示出较为一致的品格。因此，培养学生的整体素质和提升他们的思想境界，就显得十分迫切和重要。学生的维持力量主要来源于正确的理想信念和健康的人格，而这正是德育所追求的。

3. 德育在素质教育中起着潜能发挥和超越自己的作用

素质教育是根据时代发展需要，以全面提升学生素质为根本目的，注重开发学生潜能特征的教育。人的潜能包括智力潜能和人格潜能，两者都需要通过心理素质这个中介和载体反映出来。通过德育，提升学生的心理品质，增强非智力因素，促进潜能的开发。注重开发学生潜能，就是为了在学校期间打好素质基础，期望他们走上社会后在各自的工作、学习、生活中能够始终如一地坚持进步的思想，坚定的政治方向，高尚的道德情操，富有社会责任感和创新意识，保持健康的人格。从这个意义上来说，学生潜能中的核心部分是思想政治素质、道德素质。

（二）对高校学生创新精神的价值导向作用

高校培养创新人才需要有正确的导向。因此，既要有效地开发人的潜能，又要使人的聪明才智用到对人类、对社会有价值的创造中。所以，在培养创新人才过程中，必须坚持正确的价值观引导，以社会主义思想道德教育影响高校学生，培养他们热爱祖国、热爱人民、关心自然的品质，使他们成为真正意义上具有创新精神的人才。因此，高校德育是对创新型人才的培养和发展具有价值导向的作用，其具体有以下几点：

1. 培养高校学生创新精神，激发创新意识

创新精神是时代精神的体现，它包括开拓进取精神、求真精神、探索精神、挑战精神、冒险精神、献身精神等。当今世界，各国都把培养未来人才的创新精神作为共同的教育目标。没有创新精神的人是不可能产生创造思维并做出创造发明的，创新的成功依赖于强烈的主体意识和创新冲动。这样强烈的主体意识和创造热情只能来源于人对事业的强烈追求,对祖国、对人民、对生活的无比热爱。没有强烈的事业心、时代责任感和深切的爱,是不可能迸发出创新热情的。所以,在培养民族创新精神方面,德育担负着特殊的任务。在新的形势下,特别需要这样的创新精神。教育在培养创新人才方面担负着十分复杂的任务,即培养一个人的创新精神和创造力并将其运用于实际工作和生活。培养高校学生的创新精神,必须充分发挥德育的作用。德育就是要引导高校学生积极进取、改革创新,增强创新意识,坚定创新信念。

2.强化高校学生的创造情感,坚定创新意志

德育的一个重要任务就是要强化高校学生积极的创造情感体验,激发创造热情,不断坚定其创新意志。强化高校学生的创造情感,主要是通过体验学习,要在各种创新实践中体验学习。德育要有意识地引导学生反思创新活动的过程与结果,不断总结经验,体会活动中的感受。创新是一项高度复杂的意志活动,德育要通过心理教育、道德教育以及实践活动来帮助指导高校学生锻炼坚强的意志,努力增强他们的独立性、坚持性和抗挫折等意志品质。

第二节 当前高校学生思想存在的问题和高校德育环境

一、当前高校学生思想存在的问题

不同社会条件和不同历史时期的高校学生,具有不同的思想与行为特点。当前,我国正处在社会主义新时代,经济、政治、思想、文化、科技、教育等方面的全面改革,有力地推动着社会生产力的发展。随着改革开放的不断深入,打开了人们的视野,在吸收国外优秀文化成果的同时,也面临着各种社会思潮以及西方价值观念和生活方式的挑战。市场经济和信息传播及其手段的现代化,打破了学校与社会之间的高墙,缩短了两者之间的距离。这加速了高校学生的社会化进程,使他们的时代特征更加明显。高校学生的社会意识、价值观念、群体特征、心理状态和生活方式,已经不同于以往任何一个时代。只有正确认识高校学生的思想与行为特点,德育才能更接近于他们的思想实际,

从而收到比较好的实际效果。

当前高校学生的思想存在以下几个问题：

（一）部分高校学生的政治观念淡化

高校学生政治观念淡化，是指长期以来部分高校学生在政治参与意识和政治参与行为方面表现出来的一种消极状态，在这种消极状态下，高校学生要么选择远离和逃避政治生活，要么是消极地参与政治生活。高校学生政治观念淡化有以下几种表现：1.部分高校学生政治兴趣缺乏，政治情感冷漠。高校学生是未来社会进步的主要推动力，承担着建设、变革和创新的重任。如果高校学生政治观念淡化势必导致其社会责任感、政治责任感缺失，难以唤醒对政治乃至对社会的热情。2.高校学生政治参与意识与行为存在偏差。部分高校学生的政治参与意识较强，但实际参与行为较少。他们渴望民族振兴，期待中国富强，但对改革的艰巨性、长期性和复杂性认识不足，行为表现上往往急于求成；他们渴望早日成才，乐于学习各种知识，但读书成才的动力往往来自对个人前途和自我价值的关注，行为表现上具有极大的功利和实用的色彩。这种价值取向的双重性和价值判断的矛盾性，直接影响到高校学生群体政治参与的实际水平和成效。高校学生政治参与的价值双重性表明政治价值观念还未在高校学生的思想意识中真正内化，这也正是目前高校德育迫切需要解决的问题。

（二）部分高校学生出现拜金主义倾向

我国如今正处于社会转型期。改革开放以来，受西方一些不良社会思潮影响以及市场经济体制的不健全所带来的负面影响，部分高校学生的价值观念受到冲击，尤其是拜金主义思想流行的冲击。部分高校学生出现拜金主义倾向，把金钱作为人生的最高追求。拜金主义是货币拜物教的通俗表述，是一种把金钱作为崇拜对象的观念。它主张一切为了金钱，金钱就是一切，把自己价值的大小归结为拥有金钱的多少。高校学生拜金主义具体表现在自我认同感比较强烈，消费品不断地更新换代，高校学生作为信息接收的主要群体，具有求新、自我表现和从众的心态，从而使得高校攀比之风越来越盛。

拜金主义对高校学生的危害主要有以下几个方面：1.拜金主义导致部分高校学生人际交往金钱化、庸俗化；2.拜金主义导致部分高校学生荒废学业，将精力集中在兼职赚钱上，忽视了学习，甚至有部分高校学生走向违法犯罪的道路。

（三）高校学生的自我行为的控制能力较弱

在思想支配和社会观念、社会行为方式的影响下，部分高校学生行为表现出明显的发散性。他们与现实社会和虚拟网络社会的接触大量增加，其情感活动、人际交往活动、经济活动、娱乐活动等增加。从高校学生的生理、心理特征来看，他们处在青春期，生理上的发展成熟，其思维扩大，精力充沛，感情丰富。在心理上，高校学生的自我意识、独立性增强。高校学生的社会信息量大，社交范围广，更促使其自我意识的增强。另外，高校学生处在改革的洪流中，他们思想解放，喜欢独立思考，具有平等意识。高校学生在表现出大胆开拓、勇于实践、敢冒风险等积极因素的同时，也表现出了盲目、轻率等不良倾向。

总之，高校学生的思想与行为特点在新形势下表现出不同于以往任何时期的新特点，这既对提高德育的实效性既提出了新的挑战，又为德育创造了新的机遇，为开展德育工作，提高德育的实效性提供了保证。

二、高校德育环境的分析

德育是一个科学的系统工程，它依赖于教育学、社会学、心理学等诸多学科理论知识的支持。同时，德育也受到社会大环境、校园小环境、教职工素质、个人成长经历和自我心理环境等诸多影响。要实现德育的实效性，达到教育目的，就必须客观分析高校学生德育的环境因素，并且遵循高校学生身心发展规律来实施德育。

（一）社会经济活动方式的新变化对德育的冲击

二十世纪八十年代以来，我国逐渐建立并完善社会主义市场经济体制，随着社会主义市场经济体制的建立，我国经济取得巨大成就的同时，也带来了一定的负面影响，对整个社会产生了巨大的冲击。它影响到人们的道德观念，影响到人们的道德实践，进而也影响到以社会道德实践为基础的学校德育活动。社会上出现拜金主义、享乐主义与奢靡之风，面对这些新的社会问题，部分高校学生出现了理想、信念的迷茫和动摇的情况，这对高校德育工作带来不利影响。

（二）社会信息活动方式的新变化对德育的冲击

随着互联网技术与信息技术与的不断进步，我国已进入信息化社会和网络社会。信息技术的进步，让高校学生打破了校园的局限，高校学生可以通过网络，以积极开放自由的心态了解社会，获取学习和生活的各种信息。这种前所未有的便利条件，对促进高校学生思想解放、思维创新提供了条件。但是，外界复杂的信息也给很多思想尚未成熟的学生带来负面冲击，高校德育也面临巨大挑战。

（三）社会文化活动方式的新变化对德育的冲击

随着科学技术的日新月异和经济建设的快速发展，我国文化生活发生了重大变化，不可否认的是，社会文化生活的发展对素质教育起到了一定的促进作用，丰富了高校学生文化生活内容。但是，社会文化活动中的消极现象也大量出现，给德育工作带来许多不利影响。当前，精神文化产品既有优良的作品，同时又有消极的内容。这对高校学生的思想意识、价值观念等带来巨大冲击。

（四）高校学生自我角色的变化对德育的冲击

随着高等教育改革的深化，高校实行收费管理制度，这给学生家庭带来一定负担。同时，国家高校毕业生就业制度也发生重大变化，从"统包分配"到"自由择业"再到如今鼓励大学毕业生"创新创业"。因此，高校学生的自我角色发生了微妙的变化，其维权意识日益突出，学生希望在对等的前提下接受学校管理与教育，希望得到学校更好的服务与教育。因此，高校在积极对学生进行引导的同时，也要看到传统的思想教育模式和教育内容已偏离社会的发展，需要进行改革，以实现德育实效性目标的要求。

三、高校学生品德发展规律的分析

德育科学是以学生的品德形成、发展规律及教育规律为其研究对象的，那么研究德育过程及其规律首先就必须研究学生品德的形成、发展过程及制约条件。品德的形成过程比德育过程广泛得多，它包括学校、家庭、社会对学生的整个影响过程，其中有可控的自觉的影响因素，也有广泛的自发的影响因素。

德育过程是自觉的影响过程，不是自发的，而品德形成过程却有自发的一面。学生的品德可以在德育过程中形成，也可以在其他社会生活条件影响下形成；可能与德育过程一致，也可能与德育过程不一致。因此，高校应当充分发挥德育过程在学生品德形成过程中的主导作用，自觉地培养学生与社会要求一致的品德，克服不良的社会影响和与社会要求不一致的品德，将社会的要求同学生品德发展的要求统一起来，使德育过程和品德形成过程产生最佳综合效应。因此，高校必须首先研究学生品德形成的规律。

品德是一个人建立在一定的心理素质基础之上的思想品质、道德品质和心理品质的总和，是一个人完整的精神世界。高校学生在校期间是品德发展的关键期。高校学生品德形成和发展具有其内在的规律。根据品德发展心理学的研究，人的品德的形成是一个动态的由低级向高级逐步发展的过程；高层和低层之间互相渗透成为一个统一的整体，构成一个人完整的精神世界。

高校学生品德的形成是在活动和交往的基础上，通过心理内部矛盾的解决，不断积累起新品质的过程。

（一）活动和交往是品德形成的基础

受教育者的品德是在与外界的相互作用中，既在活动与交往中形成，又通过活动和交往表现出来。活动和交往是品德形成与发展的源泉和基础。

人们只能从客观存在的社会关系中掌握思想观点和道德行为，而客观社会关系总是通过活动交往对人发生作用的。活动使社会关系得以实现，交往是社会关系现实化的方式。人是通过活动与交往中掌握思想政治观点，形成道德行为习惯的。也就是说，任何人的活动与交往都带有社会性，总是在一定的社会关系中进行的。在活动与交往中表现出人对事物、对他人的关系，活动的行为方式受到由该社会关系决定的思想政治原则和道德准则的调节。也正是在这样的过程中，人们才掌握了社会思想与道德规范，形成自己的思想品德。学生的品德正是在这种活动与交往中形成和发展起来的。

（二）道德的形成和发展是外部教育通过内心矛盾运动转化的结果

把社会道德规范转化为个体的品德，是内外因素相互作用的结果。外部教育影响作为条件是不可缺少的，但外界教育影响又必须通过心理内部矛盾起作用。

品德作为个体现象，必然依赖个体的心理活动，依赖于个体内部的心理矛盾运动。这种内部矛盾，概括地说，就是受教育者对当前德育要求与现有品德发展水平之间的矛盾。教育从要求开始，没有要求就没有教育。要求应该高于现有品德水平，每个人的品德结构不同，因而都以"自己的"方式对待外部教育影响，或者接受，或者排斥。这表明主体对外界教育影响有选择性，不论主体内部品德结构如何，外部教育影响反映到内部，总要与原有的品德结构形成矛盾，总要在受教育者心理上留下痕迹，对外界影响采取接受态度时，外部的要求便转化为主体要求，并在内心选择适应的行动方式，使原有的品德结构发生变化，于是就形成了新的内部控制机制。可见，外界教育影响是经过主体"加工"即"自己运动"，有机纳入主体的品德系统的。

（三）品德的形成与发展是长期不断地进行塑造的过程

品德的形成与发展总是通过活动与交往，产生心理矛盾，再通过活动与交往，再产生心理矛盾的螺旋式上升过程，这也就是品德不断塑造和改造的过程。塑造即培养新的品质，也就是要形成某种稳定的心理特征，必然要经过长期地、反复地教育与培养。不能认为教育对象按照教育者的要求，接受了某一思想，完成了某一道德行为，就断定他已经形成相应的品德。只有根据实践，深信这一思想或道德规范是正确的，这种思想和行为成为他稳固的特征时，才是已经形成了这方面的品德。克服、矫正某一错误的思想观念或道德品质，也要经过长期反复的过程。品德形成发展的长期性，也可以从心理生理学上得到说明，即对有机体不止一次地重复一种系统的影响，才能形成动力定型。由于人们品德的心理结构是一种动力系统，并非一旦形成就固定不变。因此，每个人的品德结构，只能是相对稳定的。由于整合作用，品德的心理结构总在不断地改变和发展。

学生品德是在活动和交往的基础上，经教育者有目的地施以教育影响，通过受教育者心理内部矛盾运动，外部教育影响转化为动机和内部动力，并选择一定的行动方式，然后又通过活动表现为实际言行。经过多次的重复，形成习惯；行为习惯又进而变成个性特征，从而形成一定的品德，并在长期的塑造和改造过程中，成长、发展、直到成熟。

第三节　高校学生德育过程

德育过程是一个相对独立的教育过程，贯穿德育活动始终，有其自身形成的特点和发展规律，它与人的成长、发展有着密切的关系。

一、德育过程概述

（一）德育过程的含义

德育过程是教育者按照一定的社会要求和受教育者品德形成规律，对受教育者有目的地施加教育影响，并引导受教育者进行自我教育，从而促进其品德发展的过程。从本质上说德育过程是个体社会化和社会规范个体化。其结构要素包括教育者、受教育者、德育的内容与方法。这一过程是德育工作者与高校学生交互作用的双向活动过程。从它的发展过程来看，德育过程应当完成两项转化任务：一是德育过程是促进学生的思想品德内部矛盾积极转化的过程；另一个是教育者将一定的社会思想道德规范转化为受教育者个体的思想品德的过程。也就是说，首先要经过一个由外在的客观要求转化为内在的个体意识的过程；然后再由内在的个体意识转化为个体的思想品德，进而再作用于社会的外在表现的过程。

（二）德育过程的特性

1.高校德育过程是教育与自我教育统一的过程

高校学生良好思想品德的形成，既是教育者长期教育的结果，也是高校学生自身发展的成果。高校德育过程中，德育工作者起着主导作用。但是，也必须认识到，高校学生不仅是德育的客体，同时也是德育的主体；只有德育工作者的主导作用落实到高校学生的主体上，高校学生形成能动的自我教育力量，并与德育工作者的教育协调配合，才可能产生良好的德育效果，推动高校学生的思想品德向更高层次发展。教育与自我教育是统一在整个高校德育过程之中的，德育的外因，必须通过高校学生自己转化为一定的意识和需要，即内因，才能产生教育的效果。正因如此，高校学生不仅是教育的客体，而且可以通过教育与自我教育转化成教育的主体。只有充分发挥受教育者的主观能动作用，把教育与自我教育相结合，才能使高校学生主动接受和自觉配合德育工作者的教育，从而形成完整有效的高校德育过程。

自我教育在高校学生思想品德形成中的作用是重要的。首先，在身心与能力发展方面，高校学生的生理发展已基本成熟，心理尚在迅速发展。高校学生的自制能力较强，行为自觉、辩证思维能力已大大提高，能够进行高度概括与抽象的思维活动，初步具备透过社会表面现象认识社会本质的能力，以及具备掌握科学理论的能力。其次，在社会环境与交往关系方面，高校学生进入了独立生活、自主学习的新环境，家庭影响逐渐减弱。课程设置和学习安排要求学生有明确的学习目的、自觉的学习态度、独立支配时间和制订学习计划的能力。高校人才集聚，他们来自社会各阶层，特质不一、经历各异。社会信息通过多种渠道在高校学生中传播。高校学生的知识水平不断提高，精神生活领域逐步扩大，校内活跃的学术气氛有力地推动着高校的知识积累和思维批判能力的发展。高校学生和社会的横向联系也日益紧密。学生会组织、社团组织吸引着高校学生参加。专业实习、社会调查、勤工助学等活动促使学生和社会的联系加强并且越来越社会化。最后，在社会实践方面，高校学生行为的自觉性和社会目的性较强，他们已能自觉地、有意识地处理自己同社会环境的关系,能够将个人理想和国家、社会的发展相联系。

自我教育在大学德育过程中的作用是不可低估的。不少高校学生表现出自我意识、自我评价、自我批评、自我监督，确立明确具体的奋斗目标，积极自觉地接受德育工作者的教育，主动配合院校开展各项工作，成为学生中的骨干和榜样。这种自我教育的延伸与扩大，可以直接影响集体的形成。先进、文明、健康、优秀的高校学生集体，又会促使其成员的自我教育更加自觉、更加积极主动。因此，高校学生的自我教育与集体自我教育有机地结合在一起，形成良好的校风，从而产生更大的教育作用。

高校德育要完成培养和造就德才兼备优秀人才的任务，德育工作者，必须善于发掘和认真组织高校学生中的自我教育因素，充分发挥高校学生在德育过程中的主体作用，使教育与自我教育结合,最大限度地发挥高校学生在培养和形成良好的思想品德主观能动作用，自觉实现思想转化，以尽快适应社会的需要。

2.高校德育过程具有社会性与可控性

学生是生活在一定社会群体中的，他们思想品德的发展受家庭、学校和社会环境等多方面影响，因此德育过程要与社会实践紧密结合，具有社会性。同时，学校教育是有目的、有计划、有组织、系统性的育人活动，可以对其内部环境因素加以控制和调节，使学生所处的教育环境有利于学生思想品德的健康发展。因此,德育过程也具有可控性。

高校学生作为社会的成员，由于其所处开放的、复杂的社会环境，与社会联系的渠道是多样化的。因此，接受来自社会上的影响和信息是很多的。社会上的阶级、政党、团体、各阶层社会成员、科学文化体育事业，以及高校学生亲身经历的政治生活、经济生活等等无时无刻不在影响高校学生思想品德的形成。高校学生的思想品德是在家庭、社会、学校的共同影响下形成的。这些影响中有积极的,也有消极的;有正面的,也有错误的;有直接的,也有间接的;有稳定的,也有变化的;有自觉的,也有被动的。这就使高校德育与社会生活之间几乎不存在时空上的距离,因而高校德育过程是多方面、多渠道教育影响的过程,具有广泛的社会性。

高校德育过程的这一特点,要求高校必须把教育和社会生活结合起来,调动社会及家庭中的各种教育资源,在发挥学校教育主导作用的同时,坚持将学校、社会以及家庭有机地联系在一起,进行"三结合"教育。因此,必须主动创造参加社会实践,广泛接触机会,适当争取家庭教育,还要协助和推动社会教育活动的不断开展,积极创造条件组织好校外的各项活动,以形成全社会重视高校德育,关心培养高校学生思想品德的良好风气。

高校作为专门的教育机构,不能脱离社会而存在。但是,它可以对各种环境影响做出选择,创设出良好的环境和条件,促使高校学生的思想品德朝着社会需要的方向健康发展。高校既可以利用环境中的积极因素教育高校学生,也可以有意识地抵制环境的消极因素对高校学生的影响和腐蚀,还可以根据社会主义思想体系、道德规范的要求,把社会、周围环境及家庭的影响纳入高校教育的轨道。可见,高校德育过程还具有"可控性"的特点。

高校德育过程的"可控性"的特点应当充分发挥。高校德育活动具有明确的目的性、计划性和系统性,把课堂内外,学校内外的教育有机地协调起来。随着改革开放的不断深入,人们的思想十分活跃,正确的思想、高尚的品德、积极的影响和各种错误的思想倾向交织在一起,因此高校德育必须提高高校学生明辨是非,抵制错误思想的能力;把学校、社会及家庭教育纳入教育体系上来,为高校学生树立崇高理想,树立科学的世界观与正确的人生观奠定坚实的基础。

3.高校德育过程具有实践性和交互性

高校学生不是被动接受外部教育影响的,总是要在其参与的各种实践活动的交往中接受外部教育影响的。所有的教育活动只有和高校学生自己的需要、自己的思想政治水平、自己的认识水平、自己的情感状态相接近时,才能表现出良好的教育效果。因此,高等教育必须适合高校学生的思想特点,寓教育于各种有意义的活动之中。高校学生走向社会,其具有的较高的工作能力和个人素质,在工作上就会产生良好的经济效益与社会效益。这些素质和品质都要在德育过程中进行特殊的训练和培养。例如,要培养高校学生实事求是、求真务实的工作作风;要培养高校学生认真负责的工作习惯、勤恳实干的工作态度；要培养高校学生具备严谨的治学态度、知难而进的精神等。这一系列素质和品质的培养，都是德育过程的重要内容。

随着专业学习的深入，高校学生会有一些思想问题和实际问题需要解决，这同样是德育过程教育的重要内容。以高校学生中常见的专业问题为例，学生所学专业的社会影响力及其发展前景，与专业相关的日后工作密不可分。高校学生所学专业与本人的兴趣爱好、能力特长是否相符等问题，都要在德育过程中加以解决。实施德育的过程是结合专业进行的。如高校学生的专业实习、学术性活动、结合专业的社会调查等。这些活动既是专业学习的重要内容，也是渗透德育过程的重要形式。

总之，高校学生思想品德的形成和发展都是在教育教学和各种社会实践活动中实现的，这些实践活动是检验学生接受思想品德教育的标准；同时也为高校德育提供了丰富的内容、典型的事例和广泛的途径，是高等院校教育的客观基础。因此，高校德育过程具有鲜明的实践性。

由于高校德育过程中的活动与交往主要是在高校学生群体当中进行的，因此德育过程具有很强的交互性。高校学生集体是高校学生思想品德形成和发展的小环境，这个小环境的风气可以对其成员进行强有力的感化、影响和控制，进而形成良好的班风、校风。在集体中，高校学生会发现自己与同学、朋友之间会产生相互影响，有利于高校学生学习怎样处理个人与社会的关系，正确评价自己在社会中的地位和作用，准确了解自己的品质、能力、性格和特长等，这些都是高校学生社会性成熟的条件。同时，一个集体可以起到沟通德育工作者和高校学生的桥梁作用。一个好的集体能够把德育要求顺利地贯彻到高校学生当中，收到良好的教育效果；另一方面，高校学生的愿望、要求和建议，也能及时地反映给德育工作者，影响其思想和行为，从而使高校德育过程实现上下沟通、协调一致。因此，德育工作者要善于组织和依靠高校学生集体，把自己的教育力量与高校学生集体的教育力量结合起来，科学地运用这种作用原则就可以收到事半功倍的教育效果。

4.高校学生德育过程具有自觉性与渐进性

高校学生从教育者那里接受的思想道德意识转变成个体思想道德品行，是一个极为复杂的内部思想矛盾运动过程。从接受思想品德规范的认识过程来说，由不知转化为知；从矛盾的性质来说，由旧思想转化为新思想，错误思想转化为正确思想；从思想品德形成的心理结构来说，由知转化为行；从思想矛盾的转化来说，要经历由量变到质变等，这样一个复杂的转化过程只能靠受教育者自觉去完成。这个转化的实现是教育者和任何他人所不能代替的。教育者在受教育者品德形成中起着主导作用,它表现在教育者首先掌握思想品德规范,给学生做出表率,使教育具有示范性,能充分发挥理论灌输和榜样力量的作用;还表现在教育者懂得受教育者的身心发展规律和思想品德形成、发展规律,对受教育者的转化工作具有主动权和针对性,有效地组织德育过程,能做到科学育人,提高德育效率。但是,教育者这种主导作用,毕竟不能代替受教育者的进步,它还得依靠受教育者自觉地实现思想行为矛盾的转化。教育者的主导作用必须通过受教育者积极地开展思想斗争,才能完全实现思想矛盾的转化。受教育者的主观能动性是自身思想品德形成的根本内因,只有当受教育者在德育过程中充分发挥自己的主观能动作用时,才能取得良好的德育效果,达到德育的目的。

德育过程中外部影响因素是广泛的。这种外部影响,一种来自社会、家庭及受教育者所处的环境,它有积极的方面,也有消极的成分,在受教育者思想品德形成中起潜移默化的影响,是一种不可控因素;另一种来自学校的教育,它具有明确的目的性、针对性,在对受教育者思想品德的形成中起着主导作用,是强有力的积极因素,是一种可控因素。教育工作者要采取有效措施,排除障碍,克服由于不良因素的影响,努力将不可控的因素转化为可控的因素,保持教育影响的一致性,促进受教育者的思想品德循序渐进地朝着社会要求的正确方向发展。

由于德育过程外部影响因素的广泛性,必然给受教育者思想品德形成带来反复性。它和任何事物的发展一样,要经过迂回曲折的道路,波浪式的前进,螺旋式的深化,使思想品德形成呈现出反复性。这种反复性既有外部原因,也有内部原因。外部原因主要是不可控因素中的不良因素的影响,有的不良影响可能造成受教育者的思想出现倒退。德育工作者面对受教育者的思想品德形成和深化的反复性要有充分的思想准备,要正确对待受教育者出现的思想反复,善于引导。只要德育工作者树立信心,掌握教育艺术,分析受教育者的思想变化情况,排除各种障碍,促进受教育者的思想品德沿着正确的方向深化。

德育过程是一个复杂的过程,又是一个遵循着规律的发展过程。贯穿始终的基本矛盾是教育者掌握的思想品德规范要求与受教育者原有发展水平之间的矛盾。德育过程就是教育者掌握矛盾各方面联系的特点,促使基本矛盾不断产生、发展和解决,从而形成、深化受教育者思想品德的过程。这就是对德育过程的科学认识,也是每个德育工作者要取得德育成功必须掌握的基本规律。

（三）德育过程的阶段划分

德育过程包括教育者施加教育影响和受教育者能动地接受教育影响这两个方面的教育活动，是教育者和受教育者相互影响、相互作用的活动过程。在这个施教和受教的双向活动的总过程中包括下列三个阶段：一是社会所要求的思想体系、政治观念和道德规范影响受教育者的阶段。在这个阶段教育者处于主导地位，发挥支配作用，积极地创造教育环境，选择教育机制，有目的地对受教育者施加社会要求的教育影响，以促进受教育者把社会的要求转变为个人良好的思想道德素质。二是受教育者在一定的活动和交往中，接受外部影响的阶段。这种外部影响既有教育者所施加的积极影响，又有负面影响。三是受教育者自身的思想矛盾运动的阶段。在这个过程中，受教育者依靠良好的思想基础和心理环境，主动、积极地开展自我思想斗争，解决思想认识上的矛盾，实现个人思想转变中认识与实践、知与行的统一。

二、德育过程的影响因素

（一）学生思想政治品质的形成受外在因素综合影响

马克思认为："不是人们的意识决定人们的存在，相反，是人们的社会存在决定人们的意识。"恩格斯说过："人们自觉地或不自觉地，归根到底总是从他们阶级地位所依据的实际关系中——从他们进行生产和交换的经济关系中，吸取自己的道德观念。"人是社会的人，人的本质是一切社会关系的总和。人们的思想政治品质正是在社会关系的总和中形成和发展的。这就是说，思想政治品质不是先天的，而是人们后天在社会的影响下形成的，是在社会实践和交往活动中受到经济的、政治的、思想的、文化教育等方面的综合影响而形成的。

高校学生同样是社会的人，他们的思想政治品质则是在学校、社会和家庭各方面的综合影响下形成的。社会是学生生活的大环境，社会的政治形势、经济状况、道德风貌、社会风气都对学生的思想政治品质形成有着直接的影响和推动作用。另外，随着我国对外开放的不断深入，国外各种政治、经济、文化的信息的传播，也影响着学生精神面貌的发展和变化。学校作为社会的一部分，国家力求创造一种良好的教育环境，培养社会主义事业建设者和接班人。但是，由于校风不同，班集体发展的状况不同，教师表率不同，以及同学在衣、食、言、行上表现出来的差异性，都会给学生思想政治品质的形成和发展带来不同的影响。家庭是社会的细胞，学生从小在家庭里受到爱抚、得到温暖，进入高校后学生还未完全独立，家庭以直接和间接的方式影响学生思想政治品质的形成和发展。家庭、社会、学校通过正式的和非正式的形式，对学生施加一致的或不一致的影响。这些影响有健康、积极的，也有不健康、消极的。社会主义的经济基础和上层建筑决定了对学生综合影响的主流是积极的和健康的。但是，由于社会存在多种思潮，可能对学生思想政治品质的性质和发展方向产生不良的影响。同时，由于学生所处的具体社会环境（包括学校、家庭在内）的不同和学生自身思想政治品质的不同，造成不同学生思想政治品质发展方向和发展水平的不平衡。

学生的思想政治品质的形成是一个由低级向高级发展的过程。思想政治品质的核心是思想观念，其主要内容由道德观、世界观、人生观、价值观四个因素构成，它们之间相互联系、相互影响、相互制约，但不是同时形成的，而是从孩提时代到大学时代，随着学生社会化程度的提高，按一定次序逐步形成的。一般来说，道德观的逐步形成在先，并影响世界观、人生观、价值观的选择和形成；而世界观的形成又反作用于道德观、人生观的巩固、提高，并对思想政治品质的形成、发展起支配作用。高校学生的道德观已进入巩固提高和完善的时期，而世界观、价值观却正在形成或初具形态。所以，世界观、价值观的形成在后。尤其是作为哲学思想的世界观和方法论，与文化科学知识联系得更为紧密。学生到高校受到较为系统和深入的马列主义基本理论教育，这时高校学生的世界观才逐渐上升为思想政治品质结构中的主导因素。

（二）学生思想政治品质的发展是内在认知运动的结果

恩格斯曾经指出："使人们行动起来的一切，都必然要经过他们的头脑；但是这一切在人们的头脑中采取什么形式，这在很大程度上是由各种情况决定的。"作为个体现象的思想政治品质，其形成和发展除了要受一定的社会环境和物质生活条件的制约外，还要受人的生理和心理发展规律的支配。学生思想政治品质的形成过程，绝不是被动地接受影响、适应社会历史条件的过程，而是在社会实践和学习的基础上，经过主观努力，使自己的认识、情感、意志、信念、行为等心理因素得到辩证发展的过程。这几个心理因素，缺少其中的任何一个，都不可能形成良好的品德。学生良好思想政治品质的形成，是一个从低级阶段到高级阶段的自我教育过程，又是不断地反作用于社会环境的过程。

高校学生的德育过程也就是通常所说的知、情、意、行四个环节相互影响、辩证发展的过程。

德育第一个阶段是高校学生的认知,该阶段主要以高校学生理性思维为主导,通过在"两课"课堂上学习有关政治理论知识,通过参加课外活动的方式增加自身的实践和体验,进行比较和选择,从而产生对德育思想的认同。在第一阶段,教育者应把握好"启动效应",以生动的教学方式和对德育的科学阐述调动学生的学习热情。

德育第二个阶段是高校学生的情感反映阶段。这种情感来自认知,而情感的丰富和发展又能强化认知,扩大认知的深度和广度。通过对高校学生的调查研究,在大学阶段,学生的爱国主义情感、集体主义情感、社会责任感、美感等情感逐渐形成,并且已初步形成对人生、理想、社会、政治等问题的理性思考。这对高校学生德育奠定了良好的情感基础,而情感的应激因素主要来自社会实践和环境影响。社会上存在的一些不良现象对高校学生的情感产生负面影响,因而导致高校学生出现情感波动,直接影响其对德育的认知。在这一阶段,教育者应引导学生科学地、辩证地、发展地、全面地分析问题,从而逐步把所学的理论、观点转化成为高校学生认识各种社会现象和社会关系的依据,进而指导自己的行为实践。

德育第三个阶段是高校学生理想信念和思想方法形成的阶段。社会主义高校的重要任务就是通过行之有效的思想教育方法,帮助高校学生确立包括科学方法论和价值导向在内的正确的理想信念和科学的思想方法,推动实现理想信念和思想方法"进头脑"这一根本目标。客观地说,实现"进头脑"不是一朝一夕的事。大学阶段为"进头脑"打下良好的情感基础和理论基础,真正实现"进头脑"还需要在今后较长的社会生活实践过程中经过知、情、意的互动逐步形成。在这一阶段,教育者应注重指导高校学生将德育所体现的科学方法论和价值导向与个人成才发展结合起来,从而指导高校学生的人生实践。

三、德育过程的本质

德育过程主要是要求学生掌握一定的社会道德规范、社会思想和政治原则,解决学生如何树立世界观、人生观、道德观和政治观问题。高校德育工作者教育学生处理个人与他人、个人与社会、个人与客观世界的关系和态度,这是德育过程的根本特点,也是德育过程的本质。正是这个特点,决定了德育过程同其他过程区别开来。德育过程是受教育者在教育者的指导和协助下,通过自己的主观努力和根据自己在生活、学习和实践当中的切身体验,去掌握和实践业已形成的思想方法、道德规范等德育目标。

第四节 高校德育过程规律

对德育的规律,人们可以从不同的层次、角度和侧面进行揭示和探讨,既可以从哲学的最高层次进行概括,又可以从德育与其他教育之间的关系或德育自身运动发展的一般进程上进行探讨和研究。高校德育过程规律主要有以下几点:

一、德育是教育者与受教育者和教育环境共同作用的过程

德育过程是由诸多要素构成的,其中主要包括教育者、受教育者和教育环境三个要素,它们是构成德育过程的三个最基本的要素。因此,德育过程的规律,首先是这三个要素之间相互联系、相互作用的规律,或者三要素共同起作用的规律。

(一)教育者处于主导的位置

教育者在德育过程中起到决定性的作用,不论在贯彻教育方针,保证实现培养目标和德育规格,还是制订和执行德育计划,把社会所需要的道德规范、社会思想和政治原则转化为学校的德育内容,以及根据实际情况组织德育的各种活动及采用各种手段,教育者都起着组织者和领导者的作用。可以说,没有教育者,就没有德育活动,因而也就没有德育过程,没有德育过程也就没有德育。这就是教育者在德育过程中起决定作用的充分体现。

(二)受教育者是德育过程的主体

受教育者即高校学生虽然是教育对象,处在被教育的地位,但是这绝不意味着学生在德育过程中只能是完全处于被动状态的客体,准确地说高校学生是德育过程中自觉

的、积极的、能动的主体。因为,教育者的对象是个体,尤其是高校学生,已经积累了一定的知识,并且形成了一定的思想意识基础,具备了一定的自我教育能力。德育实践证明,高校学生在德育过程中所接受的德育内容,并不是一般意义上的文化科学知识,而是具有很强的制约性或约束性的道德规范、社会思想和政治原则,他们接受什么教育或不接受什么教育,以及在多大程度上接受教育,往往要经过他们自身的审视和选择,也就是说取决于高校学生内在的自我发展的需求因素。这充分体现了受教育者的自觉、积极、能动的主体作用。受教育者这种主体作用发挥得怎样,直接关系着德育的质量和效果。提高德育质量,求得较好的德育效果,最终要把社会所需要的道德规范、社会意识和政治原则,落实到受教育者身上,使其转化为他们的信念、行为和习惯。因此,在德育过程中,在充分发挥教育者主导作用的同时,必须充分调动和发挥受教育者的主观能动性即主体作用。把两方面的作用结合起来,才能收到较好的效果,达到德育的目的。

(三)教育环境在德育过程中发挥重要作用

教育环境在学生品德形成和发展过程中所起的作用是不容忽视的。例如,社会生活环境,特别是社会风气,对学生思想品质的形成和发展有着潜移默化的影响。学生特别是高校学生都有各自特殊的社会生活环境、社会经历和体验,这就决定了社会生活环境对学生影响的广泛性与复杂性。好的社会风气对学生思想品质的形成和发展起推动作用,不良的社会风气则阻碍学生思想品质的发展。

此外,在一定条件下,家庭对学生的政治思想、道德品质、性格爱好、职业选择乃至生活方式等都有影响。因此,教育环境在德育过程中所起到重要作用。德育过程是教育者和受教育者以及教育环境共同起作用的过程。

总之,德育过程是德育工作者、受教育者和教育环境共同起作用的过程,学生思想品德的形成和发展是这三大要素共同发挥作用的结果。无论缺乏哪个要素,德育过程都不能实现,学生的思想品质的形成和发展都将受到很大影响。

二、德育是以循序渐进的方式促进高校学生思想品质发展的过程

就高校来说,德育的目的不仅在于使学生具有某些知识,而是培养他们具有一个高尚的思想品质和完整的人格。

思想品质的发展也就是高校学生的在德育过程中认知、情感、信念和行为这四种因素交互作用、相互影响、辩证发展的过程。缺少其中任何一种因素，都难以形成高校学生完善的思想品质和人格。

德育培养高校学生的思想品质的过程分为以下几个方面：

（一）德育的起步

高校学生的认知是德育的起步阶段。认知是客观事物及其规律在人的头脑中的主观反映，是形成品德的基础。认知是人们对于是非、善恶、美丑评价的前提。知是行的指导，人们要有良好的行为，首先要有正确的认知。认知的来源有两个：一是实践，二是间接经验。所以，在德育过程中提高高校学生的道德认知是很重要的。部分高校学生缺少对社会主义道德、社会公共生活准则的了解。就高校学生来说，他们的认识除了来自社会实践外，则更多地来自书本。无论是自然知识和社会知识，对高校学生的思想品质的形成和发展都有一定的影响和作用。其中特别是社会科学方面的知识、思想理论观点、社会现实和社会实践具有重要作用。

高校学生的认知主要通过学习马克思主义理论及各种社会科学知识，通过自身的实践和体验，逐步把所学习和掌握的知识理论，思想、政治、道德、观点转化为信念，变成认识各种社会现象和社会关系的依据，并进而指导自己的行为实践。

（二）德育的媒介

高校学生的情感是德育的媒介。情感是人们对于事物的真假、美丑、善恶所表现的喜怒、爱憎、好恶所产生的主观体验，它所反映和表现的是人对事物的态度。客观事物事实及其认识，是情感产生的源泉和基础。脱离客观事实或对客观事物缺少认识，就谈不上情感。在人们思想品德形成的过程中，情感是认识升华为信息、转化为行为的中间环节，起着中介作用，是高校学生品德结构及其形成过程中的非智力因素。情感具有两极性或对立性，两极性表现为肯定或否定的两极对立，如喜悲、爱憎等。情感的作用包括积极和消极两个方面。积极的情感，如爱国的情感可以促使人们为祖国而献身；消极的情感则使人消沉、颓废。所以，激发高校学生积极的情感，克服或消除高校学生的消极情感，是学校对学生进行德育的手段之一。

高校学生的集体主义情感、爱国主义情感、民族自豪感、责任感、正义感、事业感、美感等逐渐形成，而且情感的形成是建立在对人生、理想、社会、政治等问题进行理性思考的基础上。情感来自认识，而情感的丰富和发展又能强化认识，扩大认识的深度和广度，可见情感在高校学生的思想形成过程中所占的地位是非常重要的。

（三）德育的升华

高校学生的信念是德育的升华，信念是人们对一定的人生理想和社会理想的真诚信仰，是人们确信并自觉遵循的思想、观点和行为的准则。信念是认识和情感升华到一定高度以后产生的，是感情化了的认识。信念是一种精神力量，是人生观的基础。具有坚定的信念，是一个人思想、政治、品德、素质趋向成熟的一种标志。高校学生的信念与世界观、人生观的形成是一致的，是同一个过程。马克思主义的辩证唯物论和历史唯物论的科学世界观，是社会主义和共产主义信念确立的基础。

高校学生处在信念形成的重要阶段，信念是高校学生思想品质发展中一个重要方面。高校德育的目的之一，就是帮助高校学生树立坚定和科学的信念。对高校学生进行的一切教育，最终都应形成或转化为信念。从当前来看，高校学生应当确立社会主义事业的必胜信念，人类社会必然走向光明的信念。人的信念一经确立，就具有很强的稳定性。有了坚定的信念，也就强化了意志，最后也就有了果敢而又正确的行为实践。这就是信念在德育过程中的重要作用。

（四）德育的成果

高校学生的行为是德育的成果。行为是在一定的认识、情感、信念和动机支配下所采取的实际行动。行为和实践是相通的，它所表现的是人对客观事物或外在世界所进行的改造或创造的物质力量。行为是构成人格素质的重要因素，是衡量一个人品质优劣的重要标志。一个人的思想品德如何，主要不是看他的言论是否动听，而是看他的行为是否符合社会的要求。知与行、理论与实践的统一，是观察人、教育人都要遵循的原则。观察人，要听其言，观其行，不看一时一事的表现，要看各方面和一贯的行为表现。高校学生对外界各种影响的选择、消化和应用的不同从而表现出来的行为也有所不同。有人能言行一致，有人则不能；具体到每个学生思想政治品德的成熟过程，也是一个知与行一致与不一致的矛盾运动过程。高校德育的目标，就是引导他们完成从知到行的转化，不断地产生正确行为，并形成良好的行为习惯，进而形成良好的思想品质。

总之，德育的过程就是推动高校学生认知、情感、信念和行为之间相互作用、辩证发展的过程。在这个过程中，认知是开端和基础，情感是从认识向信念转化的媒介和催化剂；信念是行为的动机和方向，行为则是德育的最终结果。从认知、情感到信念，是社会意识内化为个人意识的飞跃，是高校学生思想品质形成过程中的第一次飞跃，也是最根本、最关键的飞跃。从信念到行为的外化或外在表现，则是实现知与行的统一和人格形成的标志。高校学生思想品质的完善是实现内化和外化两次飞跃的过程，这也就是高校学生德育的重要规律。

（五）德育的特征

1. 德育具有教育性

高校学生的世界观、人生观和道德观不是与生俱来的，必须伴随着系统、严格的教育过程才能形成。我国社会主义德育过程贯穿教育全过程，学生进入大学学习阶段后，高校有责任按照国家教育主管部门颁布的《普通高等学校德育大纲》对高校学生实施德育，即通过"两课"主渠道由外向内输入，主要通过课堂教学、社会实践等各种教育形式，有目的、有计划地对高校学生施以系统影响。因此，高校德育中的理论灌输是必要的。但是，强调灌输的重要性，绝不是把德育过程变成学生被动说教的过程。关键在于高校德育工作者如何使理论教育更加生动和鲜活，更加贴近高校学生的成长发展的实际需要，教育方式更加新颖，从而使德育理论教育形成更好的发展空间。

2. 德育具有实践性

德育的实践性体现在德育必须适合社会的客观状况和客观要求；德育必须注重引导学生践行社会道德规范。一个人思想品德的形成，不仅表现在他懂得了许多道理，而且表现为他能够把思想品德的认识付诸实践从而达到"知"和"行"的统一。

有一种观点认为，由于学生阅历浅、比较单纯，他参加实践活动，会被某些不良的社会风气所污染，因此应该把学生的实践活动严格限制在德育过程的可控范围内。不可否认的是，社会上存在负面影响，德育过程完全清除社会负面影响是不可能的。应鼓励并创造条件让学生积极主动地参加社会实践活动，正是高校德育需要重点开发的工作领域。这是因为实践活动既可以开阔学生的生活视野，丰富学生的知识和经验，又为学生提供了正确比较、鉴别、选择和吸收社会影响的条件。实际上，高校学生不是生活在真空里，不是与世隔绝的，他们除了受德育的影响外，还会受其他各方面的影响。只有在实践中，学生才能真正体验到德育过程中接受教育引导的实际价值。也只有在实践中，才能使德育在扩大了的社会空间里充分发挥其教育影响的作用。所以，在把握德育规律时，德育工作者必须认识到，德育过程是受教育者在实践活动中接受教育的过程。德育工作者不仅要注重德育理论的研究,还要注重德育实践的研究。

3.德育具有社会性

德育不是脱离社会影响的孤立的封闭的过程,而是对来自社会上的影响不断做出反应的开放的过程。改革开放的社会大环境,学生更多地接触社会、接触世界。可以说,德育过程越来越受到来自社会其他方面的影响,这种影响在学生思想品德形成过程中的作用也越来越大。德育过程是有目的、有计划、有组织的影响过程,这种过程是一种特殊形式,从这种意义上说,它也属于社会影响,而且是积极的社会影响。积极的影响有利于学生形成正确的思想品德,有助于学校德育任务的顺利实现;负面影响则干扰学校德育过程,对德育起着阻碍的作用。在这种情况下,学校德育要对社会各种影响作出反应、选择和调节,发挥其积极影响,抑制或消除不好的影响;在尽可能地范围内,调控影响,使学生朝着社会所期望的方向发展。因此,要全面完整地把握德育过程的规律性,必须转变把德育过程封闭起来的传统观念,认真研究德育过程和社会影响的关系,考察制约学校德育效果的宏观环境和微观环境。

第三章 高校德育工作方法的创新

第一节 新形势下高校德育工作面临的挑战与方法创新

一、高校德育工作环境变化及面临的挑战

（一）新形势下高校德育工作环境的变化

二十一世纪以来，世界进入知识经济时代，社会的生产方式、生活方式、管理方式、思维方式等都已发生巨大的变化。我国已进入社会主义新时代，伴随经济的持续高速发展和由全面改革开放带来的国外先进的科学技术、价值观念，我国社会发生了深刻的变化。就学校德育而言，这意味着德育环境的变化。而作为社会的一个子系统，学校德育一方面必须完成德育任务，并在此过程中获得自身发展的基础和条件；另一方面，学校德育也不可能摆脱社会对其自身的制约。

高校德育工作环境的变化有三个特点：

一是世纪转换。人类已经进入二十一世纪。在新的世纪，我国要实现中华民族的伟大复兴，实现"两个一百年"的奋斗目标，加快推进社会主义现代化的新的发展，成为富强、民主、文明、和谐的社会主义国家。当代高校学生是完成这一历史任务的主力军，高校的德育工作就是培养德智体等全面发展的社会主义建设者和接班人，为经济发展和社会进步提供精神动力和智力支持。

二是社会转型。我国正处在从发展中国家向现代化国家的转型，从农业国向工业国的转型，从粗放型经济向集约型经济转型的转折期。要实现社会转型和经济发展的宏伟目标，最重要的是培养人才，培养掌握现代先进技术的人才。高校德育工作的主要任务

是为社会主义现代化建设培养高素质的人才。

三是体制转型。我国正处于实现中华民族伟大复兴的历史关键时期,这一时期我国经济体制发生重大变化,社会主义市场经济体制逐步完善。这对我国社会的经济结构、文化结构、教育结构,以及人们的思维方式、生活方式等都将产生巨大的冲击。高校德育工作要帮助学生树立与市场经济相适应的现代观念和意识,改变学生中存在的各种错误观念,正确认识市场经济带来消极因素和负面影响,促进高校学生成为改造社会、促进社会发展的主力军。

德育环境变化有以下两个方面:

一是社会环境发生变化。世界多极化和经济全球化的趋势继续在曲折中发展,科技进步日新月异,综合国力竞争日趋激烈。随着我国社会经济体制、组织形式、就业方式、利益关系和分配方式等日益多样化,人们思想活动的独立性、选择性、多变性和差异性也日益增强,社会思想空前活跃。各种思想观念相互碰撞,各种文化相互激荡,各种思潮不断涌现,各种矛盾错综复杂,社会意识出现多样化的趋势。这种变化总体上是积极的,为高校学生的全面发展创造了更加广阔的空间,与社会进步相适应的新思想、新观念丰富了高校学生的精神世界。但在这个过程中,面对国际背景、经济基础、体制环境、社会环境、传播手段的深刻变化,面对学生求新、求乐、求知、求助的各种需要,高校德育在思想观念、内容方法、管理运行等方面还不适应。高校德育要面对社会环境的变化和价值多元化的现实,认真研究新情况、解决新问题,正视冲突,解决学生困惑,帮助学生分辨是非,学会判断和选择。

二是德育对象发生变化。高校学生成长于社会转型时期,他们的心理状况、接受能力、欣赏水平有了很大提高,其接收信息、学习知识、休闲娱乐的方式、方法、手段发生了很大变化,思想活动的独立性、选择性、多变性和差异性明显增强。高校学生思想、价值、观念、行为呈现许多新特点。思想上,高校学生关心的社会问题逐渐减少;政治意识淡漠;观察问题、处理问题上往往表现出"五个更多",即更多地采用生产力的标准,而不是意识形成的标准;更多地采用具体利益的标准,而不是抽象的政治标准;更多地采用市场经济的标准,而不是传统的道德标准;更多地采用批判的标准,而不是建设的标准;更多地采用"与国际接轨"的标准,而不是"中国特色"的标准。

(二)新形势下高校德育工作内容与方法面临的挑战

新形势下国际、国内形势的变化给高校学生带来了思想观念、价值取向、文化生活的多样性，经济全球化、网络文化，以及我国高等教育大众化的发展趋势等都对高校德育工作提出了新要求。市场经济中人的自我丧失和人的物化倾向加剧，一定程度上呈现出片面追求个人物质利益的倾向，这导致德育工作所宣传的理论和观念不容易被教育对象所接受。这些对新形势下高校德育工作内容与方法带来新挑战。

1.高校德育工作面临社会多元化带来的挑战

随着我国社会主义市场经济体制的不断深入和发展，我国社会正面临着重大变革，社会呈现多样化的发展趋势，社会环境的复杂性和多样性大大增加，经济体制和社会结构的变革，多元化利益格局的产生，外来文化的影响，这些都引起社会文化深层次变化，导致学生道德观和价值取向的多元化。高校德育的对象呈现出新的特点：高校学生的独立意识、自我意识加强；其思想行为趋于个性化、学习动机多样化、价值取向务实化等。高校学生的活动、行为习惯具有明显的个性特征和复杂的层次性。

高校学生思想发展的特点和阶段性，决定了高校德育必须具有时代性和针对性。高校要根据时代发展需要和学生的思想实际，精心设置德育的内容体系，要将人道主义、科学精神、环境意识、全球意识、和平与发展意识、合作意识等全社会、全人类共同的一般行为规范教育，列为德育的重要内容；要培养学生开拓进取、独立自主、冒险进取、爱岗敬业的精神，培养高校学生关心、同情、友善、宽容等美德。要结合高校学生精神需求的多层次、多样性特征，加强对高校学生的心理咨询工作以提高其心理承受能力。高校德育要坚持中华民族优秀文化和优秀传统的教育，注意道德教育与人文精神教育。

2.高校德育工作面临的挑战

我国经济的快速发展，高校学生生活方式有了巨大变化，这对高校学生德育工作提出了严峻的挑战。高校学生的生活方式与其他社会群体的生活方式最明显的差异，就在于高校学生的生活方式具有独特的"校园"特征。

首先，高校学生是个相对独立的群体。他们长期学习、生活在校园里，接触的伙伴多是同龄人。无论是外地学生还是本地学生，在观念和习惯上保持着一定的独立性，并形成带有校园特色的群体生活方式。

其次，高校学生是社会中文化层次较高的群体。一方面，他们每天接触、生活在各种文化信息丰富的环境里，因此他们受各种文化思潮的冲击。另一方面，高校学生又重视精神生活，喜欢探索社会、思索人生，对各种事物与现象做出新的价值判断。

二、高校德育工作方法创新的途径

面对新的形势、新的任务,以及当代学生思想行为的新特点,高校必须重新审视高校德育工作,并按照德育总体目标和学生成长规律进行高校德育工作创新。新的社会形势也需要高校德育工作从新的思维和新的视角,站在"人的全面发展"和"传承传统文化"的基础上对高校的德育工作进行创新。面对学生未来的需要,高校德育工作的个性化、社会化、终身性等一系列创新活动仍需在正确的理论指导下不断探索。高校德育工作应当根据社会与经济发展的需要,借鉴和吸收现代文化和信息技术的积极要素,从过去的灌输型德育模式转向辨析型、引导型的德育模式,构筑起一种新型的互动关系,将促进学生树立正确的世界观、人生观、价值观,弘扬培育民族精神教育、公民道德教育和素质教育作为加强和改进高校学生思想教育的主要任务。

(一)新形势下高校德育工作方法的创新

针对当前高校德育工作存在的问题,应对新形势下的挑战,满足我国知识经济发展对思想政治教育的迫切需要。面对高校教育中德育工作的首要地位,德育必须实现理论上的突破和实践上的创新。新形势下高校德育工作方法的创新要做到以下几点:

1. 全员化的德育意识和全方位的德育工作格局

高校全体教职工都负有德育工作的责任,要做到"三育人",即教书育人、管理育人和服务育人。全体教师应该更新教育理念,转变只有德育教师才负有学生思想政治教育的责任这种思想。高校要高度重视和充分发挥每一位教师的育人作用。教师要树立正确的教育思想,做到言传身教,为人师表,以自己的行动感染学生,使他们受到熏陶。要发挥各科教学的德育功能,结合教学相关内容和教育各环节对学生实施德育。学校各项服务工作都应有德育功能,学校各项管理工作都应与德育工作相互配合,着眼于对学生的教育,从严要求;注意方法的使用,使学校管理工作成为学校德育的重要补充途径,学生从中受到感染、激励和教育。

2. 德育目标的层次化

德育目标是通过德育活动所要达到的目的要求。我国还处在社会主义初级阶段,多种所有制经济形式、经营形式和分配形式并存,社会上同样出现各种思想并存的局面。与之相适应,高校德育必须打破传统的"大一统"的目标模式,高校学生的思想政治水准呈现多层次、多规格的特点。根据高校学生不同年龄的身心发展水平,针对学生人生观、价值观、道德观及思维方式上出现的新特点;根据社会发展阶段的要求,从培养时代新人着眼,从抓基础项目入手,分阶段分层次制定德育目标,形成目标层次。

3.德育方法多样化和层次性

德育方法是为完成德育任务所采取的手段。由于德育过程是一个多因素相互影响、多层次的发展过程,高校学生思想品质的形成受到社会、家庭、学校,以及学生个人身心发展状况等方面的影响。德育必须通过影响思想品德形成的各种条件的综合作用才有效果,这就决定了德育方法的多样性和层次性。德育方法从不同的视角可以分为不同的层次。例如,从德育主体和客体的角度看,德育方法可以分为主体外部灌输和客体自我修养两个层次;从德育内容权重的角度看,可以分为理论教育、实践教育;从德育的类型看,可以分为氛围型、渗透型、情感型、审美型;从德育方法的特点和作用看,可以分为说服教育法、情感陶冶法、实际锻炼法、榜样示范法、品德修养指导法等。

(二)高校德育工作方法创新的尝试性策略

创新是主体通过探索去解释和把握世界的规律,并遵循和运用事物的规律催生富有全新价值的新事物的过程和结果。创新是一个艰苦的过程,在这个过程中必须充分发挥主体的能动性。而这种能动性的发挥必须符合事物的发展规律,同时又受到客观条件的制约。因此,高校德育方法的创新不仅在其创新过程中面临着挑战,更重要的是这种方法的创新必须要经过教育实践的检验,并对实践产生预期的影响和效益。高校德育是一门科学,其知识体系要经得起现实生活的检验和历史的验证。一般来说,德育的有效性,主要表现为德育活动对其预设目标的实现程度。这是一个尝试性的过程,同时也是检验创新方法的科学性的过程。因此,任何新的德育理论的实践都必须是谨慎的、尝试性的。

第二节　高校德育方法的内涵、特征与创新的条件及作用

一、高校德育方法的内涵、特征与创新条件

（一）高校德育方法的内涵与特征

随着时代的发展，高校学生的思想观念发生了明显的变化。分析高校学生出现的新问题，对于出现的新问题进行有针对性的教育，认真总结出现问题的原因，并且解决高校学生在实际生活和学习中遇到的问题。高校德育方法的内涵与特征主要有以下几点：

1.德育方法与高校德育方法的内涵

（1）德育方法的内涵

我国学界关于德育方法的内涵的界定有多种。一般认为，德育方法是教师和学生在德育过程中为达成一定的德育目标，而采取的有一定内在联系的活动方式与手段的组合。这一内涵表明，德育方法与一定的方式与手段是紧密相连的，同一种德育活动方式与手段可以有不同教育方法或是多种教育方法，但都是为一定的德育目标而服务的，都是德育目标顺利达成的中介，起到"桥梁"的作用。

（2）高校德育方法的内涵

高校德育方法是为促进高校德育发展，为实现德育目标而运用于教育者与受教育者之间的各种德育手段、方式的总称。从高校德育方法的内涵中可以看出，高校德育方法是教育者为了更好地对受教育者进行德育，从而促进高校学生德育的发展。高校德育方法是教育者与受教育者共同参与的德育过程所运用的手段与方式，其起到衔接和纽带的作用。

2.高校德育方法的特征

高校德育方法能否恰当运用，直接决定着高校德育的整体发展水平，决定着高校德育能否取得预期的效果。高校德育方法具有以下几点特征：

（1）高校德育方法的科学性

高校是对高校学生进行德育教育的主要思想阵地。高校德育以马克思主义的科学理论为指导思想，对不断变化和发展的新情况、新问题进行研究和总结。这在一定程度上

反映了高校德育方法的科学性,为高校德育沿着正确方向发展提供了有力保证。

（2）高校德育方法的应用性

高校德育方法在高校德育过程中有很强的应用性。正确的高校德育方法帮助德育工作者正确认识出现的问题和有针对性地解决问题。在高校德育的实践中应该把理论性和实践性结合起来,更好地为高校学生德育服务。

（3）高校德育方法的针对性

德育工作者在德育实践的过程中改变传统教育中以灌输教育为主的教育方法,针对不同学生的兴趣、爱好、心理状况的差异,对于德育中出现的各种问题运用恰当的方法有针对性地进行解决,认真解决与高校学生相关的德育问题。

（4）高校德育方法的系统性

高校德育是一个完整的教育系统,它包括很多方面,高校德育的主体、客体、方法、手段、模式等都是高校德育内容。而高校德育方法的系统性体现在整体性和动态性。整体性即高校德育方法系统依据一定的方式组成有机整体;动态性即高校德育方法的时代条件、形势、任务、对象和环境经常处在变化之中。高校德育方法的系统性决定了高校德育方法内部各要素之间存在着密切的联系。

因此,在社会主义各项事业高速发展的新时期,促进高校德育方法的创新就显得尤为迫切。

（二）高校德育方法创新的条件

我国已进入社会主义新时代,政治、经济、文化和社会均发生了较大变化。我国高校德育总体的发展水平与德育效果已落后于时代变化,这一定程度上束缚了我国高校德育方法的创新,阻碍了高校德育的长远发展。由于历史条件与社会环境的变化,我国的高校德育方法只有创新才能走出困境。高校德育方法创新是由以下几点原因决定的:

1.新时期的社会背景

随着我国综合实力的不断增强,我国与各国之间经济往来、合作日趋紧密。面对日趋复杂的国际国内环境,作为高校德育工作者应该做好德育工作,在实践过程中运用正确的、具有可行性的德育方法,全面加强高校德育,提高高校学生抵御错误思想的能力。

新时期我国的经济、政治、文化和科技等各项事业发展欣欣向荣,各项事业快速发展;人民的生活水平有了很大的提高,生活方式呈现多样化特点。高校学生的生活观念和生活态度出现多样化,生活观念更加务实开放,生活兴趣和爱好更加广泛。但与此同时，一些错误的、不健康的生活观念和生活态度也相继出现。时代与社会的变迁和发展必然会反映到思想意识领域，高校作为社会一部分，也必然受社会影响。社会上存在的错误思想必然影响到世界观、人生观和价值观正在形成中的高校学生。在国内环境的影响下，高校德育中传统德育方法的弊端暴露得愈加明显，这要求高校要积极创新德育方法。在德育过程中，适应我国的发展变化，积极促进德育教育方法的创新，从而保证高校学生在复杂的国际和国内情况下保持清醒的头脑。

2.高校德育工作者的职业素质

高校德育工作者在德育工作中能否做到从实际出发、突出重点，直接决定着德育工作的成败。当前高校德育工作者存在过于理想化倾向，不能客观地把德育的整体目标层次化并与实际要求有机结合起来，不能主次分明、有的放矢和卓有成效地展开德育工作。部分高校德育工作者自身的思想素质不高、专业知识不过硬，重理论灌输、轻社会实践；忽视了高校学生的主体性，导致其被动地接受教育。高校学生学习的主动性与积极性无法得到发挥，影响高校学生的主体地位，导致高校学生产生逆反心理，达不到德育预期的效果。

因此，作为高校德育工作的主要力量的德育工作者的职业素质直接影响德育工作的实效性，直接决定着德育方法在实践过程中能否有效实施。高素质、专业化的德育工作者在开展德育工作时可以运用恰当、有效的德育方法，针对出现问题的不同，采取不同的方法对高校学生进行教育。这样既能充分调动高校学生的主动性和积极性，又增强了德育工作者工作的主动性与热情，从根本上对促进德育方法的创新发挥了积极作用。

二、高校德育方法创新的作用

（一）提高高校德育实效性

高校德育实践的过程中，德育方法的正确与否直接关系到高校德育实效。正确的德育方法可以对高校学生产生积极的影响；相反，错误的德育方法会给高校学生带来消极影响，甚至造成严重后果。只有做到德育方法的有效运用，才能达到德育教育的目的。

长期以来，高校在德育的过程中，积累了丰富的理论经验与实践经验，对高校德育的发展起到重要作用。但是随着我国进入社会主义新时代，经济社会发展出现新变化，传统的德育方法已经不适用于高校德育的发展。要改变这种不利的情况，高校必须做到与时俱进，促进德育方法的创新。其原因有以下两点：一方面，由于当前国际环境和国内情况的复杂多变，高科技的普及和运用，拓宽了高校学生获得信息的渠道，从接受教师的理论灌输开始转向网络进行德育教育；另一方面，随着新时期我国各项社会主义事业的不断发展，呈现出了以前没有的特点，如经济成分和经济利益多元化、社会生活方式多样化、社会组织形式多样化、就业形式多样化。在这种严峻形势下高校德育面临着挑战。这就需要高校德育工作者站在时代发展的高度，重新审视高校德育。当前，落后的德育方法已经成为影响和制约高校德育发展的主要因素之一。

对于高校德育工作者来说，当前最主要和最首要的任务就是要加快德育方法创新的步伐，改变传统单一的教育方法，做到理论教育与实践教育相结合。课堂教育与榜样教育相结合，批评教育与表扬教育相结合。因材施教，采取不同的德育方法，从根本上提高高校德育的实效性。

（二）适应新形势发展的客观需要

当今世界全球化步伐加快，和平与发展仍然是时代的主题，世界出现多极化发展，科学技术的广泛应用。新形势发展要求教育工作者必须认清这一时代发展的主要特点，发展中国特色社会主义教育事业。这就要求高校应该始终保持清醒的头脑，在借鉴国外先进的管理技术与管理经验的同时，要时刻警惕错误思想的传播，从而占领高校德育的主流思想阵地。全方位、多方面地对高校学生进行德育教育，抵制不良思想。因此，在强调高校德育工作的重要性的同时，决定了高校德育方法必须创新，这是新形势下高校德育发展的客观需要。

（三）保证高校学生健康成长的需要

高校德育是为了培养德智体美各方面全面发展的高素质人才，学生是高校德育的受教育者。但是，我国的高校德育长期将学生看作是接受知识的"工具"，忽视了高校学生的主体地位。教师在德育课堂上仍然沿用传统的教育方法，如单一灌输的教育方法、以批评为主的教育方法等。这些德育教育方法忽视了学生的主导作用，忽视了学生的内心需要，是一种外在的强制性教育。其结果是在一定程度上束缚了高校德育与高校德育方法的发展。因此，只有选择正确的德育方法才能增强德育方法的实效性，取得良好的德育效果，圆满完成德育任务。

因此，高校德育工作，要坚持教书与育人相结合，教育与自我教育相结合，坚持政治理论教育与社会实践相结合，坚持解决思想问题与解决实际问题相结合，坚持教育与管理相结合。只有有效地开展德育工作，才能更好地在德育实践的过程中尊重高校学生的主体地位，彻底激发学生学习的兴趣，促进学生德、智、体、美全面发展，保证高校学生积极、健康地成长，实现德育目标。

第三节 高校德育方法创新的原则和内容

高校不仅肩负着为中华民族的伟大复兴和为社会主义现代化建设事业培养建设者和接班人的任务，而且还肩负着传授知识、培养高校学生各方面能力、使高校学生自觉遵守法律法规，保证高校学生服务于社会主义建设的重任。因此，高校的发展影响着整个高校德育的发展，高校发展成为整个社会普遍关注的重要的课题。为提高德育教育质量，高校应制定出德育方法创新方案和计划。

一、高校德育方法创新的原则

高校德育方法的原则是指在进行德育的过程中必须坚持的原则。因此，研究高校德育方法创新原则是一项比较重要的课题。高校德育方法创新必须以正确的原则作为指导，并结合高校德育发展的实际情况。具体来说，高校德育方法创新主要有科学性原则、主体性原则、层次性原则和有效性原则等原则。

（一）科学性原则

高校德育方法创新的科学性原则，要求德育教育遵循高校学生思想活动的规律，遵循德育教育的客观规律性，遵循高校历史发展的科学规律性，克服盲目性与随意性。随着现代科学技术的发展，特别是互联网技术的发展，我国的政治、经济、文化等各个方面都发生了变化。互联网进入高校以后，对学生的思想观念、生活方式和身心健康等带来了潜在的、深远的影响。原有的德育方法已落后于互联网时代，只有及时把握现代科学技术发展的脉络,尽可能地把先进的技术运用到对学生的教育,跟上科技发展的步伐,增强德育的效果。高校德育工作是对高校学生进行教育的工作,因而高校德育工作者把正确的政治观点、政治立场和政治方向放在首位,在实践中接受互联网对高校德育工作的影响,改变传统的德育方法。德育工作者要用"科学的世界观、方法论武装自己,使自己具有正确的思想观点、政治立场、思维方法和教育艺术"。只有这样才能使德育具有强大的感染力、吸引力、说服力和战斗力。提高高校学生的德育水平。因此,高校德育方法一定要坚持科学性的原则。只有这样,高校德育才能沿着正确的路线不断向前发展。

(二)主体性原则

中共中央、国务院《关于进一步加强和改进大学生思想政治教育的意见》指出,要"坚持以人为本,贴近实际、贴近生活、贴近学生,努力提高思想政治教育的针对性、实效性和吸引力、感染力"。以学生为本就是尊重学生的主体地位,以此来满足提高学生的自主性和独立性的教育目的,主体性德育是对传统德育的一种超越。

然而,当前部分高校德育没有贴近高校学生思想实际、贴近高校学生的实际生活,这样就不能开展有针对性的德育工作,德育工作也就无法取得良好的效果。因此,高校德育方法创新坚持的主体性原则,把着眼点放到教育对象主体性培育上,培养高校学生的积极性与主动性,培养高校学生知行一致的意识,把德育内化为高校学生的德育品质,促使其走出对德育教育者的依赖,从根本上增强德育效果。

(三)层次性原则

随着我国教育体制改革的不断深入,我国高等教育已经由"精英教育"逐渐发展为"大众教育"。在德育的过程中,德育工作者要注重平时的积累,把握不同的教育对象所具有的不同的特点,有的放矢,因材施教,坚持普遍性和特殊性相结合的工作方针。高校德育方法创新的层次性原则主要有以下几个方面:

首先,根据受教育者综合素质的不同,找到适合学生德育的工作方法。随着高校学生人数增多,一些高校学生由于生活、学习,以及社会、学校和家庭等各方面的差异,表现出不同的特点。从德育水平来说,高校学生整体思想政治水平比较高,但是受到外界的影响,部分高校学生思想政治水平较低。因此,学生思想政治水平差距较大;从互联网的影响看,由于互联网传播信息的方便与快捷,这种新的德育载体更容易被高校学生接受,互联网在传播知识信息的同时,不良信息也随之涌入,对一些高校学生产生负面影响。因此，高校学生的身体素质和政治能力素质等，以及从社会、家庭和学校等因素，都可以造成学生综合素质的层次性。

其次，增强德育方法的层次性，应注意教育对象学习目的的多样性。由于教育对象综合素质的层次性，不同教育对象的学习目的也不同。在对高校学生进行德育教育的同时，要"分层次、有重点、循序渐进，努力贴近社会、贴近生活，充分调动各部分学生的积极性、创造性和主动性"，从而使各种不同政治水平层次的高校学生转变学习态度，真正学习思想政治，向更远的大目标前进。

最后，认识教育对象的心理承受素质的差异性。由于高校学生群体表现出来的特点，高校学生的心理承受能力的问题在近几年也引起社会较大关注。部分高校学生心理承受能力较弱，存在着心理压力过大的问题，其主要来自各种各样的压力，如学习压力、就业压力和生活压力等。因此，要促进高校学生将压力转化为动力，使其真正在各方面取得成绩，这就需要高校德育工作者认真地研究教育对象，把握教育对象表现出来的层次性的特点，有针对性地解决问题。

（四）有效性原则

高校德育工作方法创新一定要注意有效性原则。在德育工作中，一些德育工作者没有充分重视有效性原则，没有利用有效的德育方法解决高校学生的实际问题，其结果是德育目标无法得到实现，德育任务无法完成。作为高校德育工作者，在德育过程中，需要及时发现高校学生的问题，运用恰当的教育方法，及时解决问题。对存在思想问题的高校学生，更应该深入研究其出现问题的原因，找到切实可行的方法，以及时解决问题。

高校德育工作方法创新是一项系统而又烦琐的工程，仅仅坚持以上四种原则是不够的，它需要各个方面的原则作为支撑，应该做到社会教育、学校教育和家庭教育三者的结合，共同促进高校德育工作方法的创新，改进原有的高校德育方法，从根本上增强高校德育的有效性。

二、高校德育方法创新的具体内容

（一）坚持生活化教育方法

坚持以学生为本，贴近实际、贴近生活、贴近学生，努力提高思想教育的针对性、实效性和吸引力、感染力,培养德智体美全面发展的社会主义合格建设者和可靠接班人。高校德育方法越贴近生活,越能体现以学生为本的教育思想,越能发挥学生主体性,引发学生的内在创造力,实现教育的真正内涵,形成文化、社会、个性协调发展的生活世界。

高校学生的成长过程是一个漫长而复杂的过程,德育发展与时代的发展紧密联系在一起,在高校学生的日常生活中渗透着德育,德育贯穿整个高校生活。生活化的德育注重生活实践。因此,高校德育应从生活中来,到生活中去。高校的德育方法需要改变传统的灌输和说服教育的方法,要突出学生的主体性,组织学生自我教育、自我管理,使高校德育工作真正做到贴近学生、贴近生活实际,引导学生正确地认识自己,不断提高自己的思想认识与行为习惯;引导学生发掘自我,认识自我,促进自我发展。

高校德育是与时代特点紧密相连的,德育工作者更应从高校学生的生活实践中对高校学生进行教育,关心高校学生的生活,促进高校学生思想政治素质的提高,在德育课堂上采用"道德两难法"去启发学生,让学生思考和检验自己的道德立场,反思自己的行为。让广大高校学生真正地从日常生活实践中得到教育。

因此,高校德育方法的生活化,是时代的发展,是社会的进步,是促进高校德育发展的条件。高校德育方法只有贴近现实,贴近生活,贴近社会,才能为社会的发展培养更多合格的高素质人才。新时期高校德育方法应该更加注重生活化的教育,在生活实践中潜移默化地教育高校学生,为社会主义建设培养德才兼备的高素质人才。

(二)坚持隐性教育的方法

我国高校德育教育一直以显性教育为主。随着社会环境的复变化,仅仅依靠显性教育方法是不够的,还必须注意在显性教育的影响外运用隐性教育方法,以提高德育的实效性。

隐性教育是与显性教育相对应的概念。关于隐性德育课程的概念,学术界还没有统一的定论。学界认为,隐性德育课程指广泛存在于课内外、校内外的教育活动中所潜藏的、内隐的,通过社会角色无意识的,非特定的心理反应发生作用的德育影响因素。简单地说就是学校通过一定的教育环境,对学生进行一种间接的经验的传递与渗透,学生在潜移默化中接受教育。隐性教育以间接性与隐蔽性为主要特点,是一种潜移默化的教育。

高校德育工作必须以高校学生德育品质的形成和发展为基础,高校学生受到外界环境各种因素的显性影响,同时也受到一些环境因素的隐性影响,如社会政治环境、经济环境、文化环境等。对高校学生德育的影响一般是非计划性、无目的的影响,学生是在无形中受到一种潜移默化的影响,高校环境建设包括物质环境和精神环境。高校物质环境包括学校的建筑、学校的配套服务设施等,这是保证学生基本的物质需要,是高校必备的物质基础设施。精神环境的建设包括教育者传授知识、校园文化的建设、校园网络管理等。而且随着网络的普及和发展,传播信息的方便性、灵活性、娱乐性和速度快的特点,更能吸引广大高校学生接受网络这个传播信息的新兴载体,更需要高校用正确的德育思想占据学校的主流文化阵地,构筑健康的校园文化,使网络德育与网络德育方法紧密结合,更好地教育广大高校学生,提高他们辨别是非的能力。

作为高校德育工作者,在传授理论知识的同时,还要根据时代的发展变化,开展具有时代特色、现实感和历史感突出的德育课程。强化学生的历史观念和爱国情感,用新闻时事和网络载体开展生动、鲜明的社会实践和理论讲座,从不同的学科去理解知识涵盖的不同意义。从不同学科的教育中渗入德育观念,培养高校学生用积极、乐观的态度去探索知识,去对待学习、工作和生活。这是高校德育工作者肩负的重要责任。

因此,高校应该开展一些互动性和娱乐性比较强的文化活动,使高校学生在耳濡目染中受到德育的熏陶和影响。另外,利用大众传媒、网络载体等方式对高校学生进行宣传教育,发挥德育的隐性影响,使高校学生在德育品质、情感培养和行为方式等各个方面受到潜移默化的教育,从而完成德育任务,实现德育目的。

(三)坚持自我教育的方法

自我教育法是指受教育者按照思想教育的目标和要求,主动提高自身思想认识和道德水平,以及自觉改正自己错误思想和行为的方法。简单地说就是人们自己教育自己,自己做自己思想政治工作的方法。

高校学生健康成长不仅需要外在的教育,还需要高校学生自我约束和管理,不仅要接受课堂教育,还需要进行自我教育,即自我认识、自我监督、自我调适等方面,也就是一个自我教育的过程。我国著名教育家叶圣陶说"教育的目的就是为了不教育",也就是要达到自我教育。而自我教育恰恰就是为了提高自我约束、自我控制和自我管理的能力。

高校德育工作者的首要任务就是培养高校学生自我教育的能力,为自我发展创造条件,增强德育的实效性,达到德育教育的目的,完成德育教育的任务。德育工作者在高校学生的学习和生活中,应该引导高校学生采取自我批评、自我表扬和自我激励相结合的方法,充分发挥学生学习和参与实践活动的积极性与主动性,加强高校学生自我管理和自我服务的能力。在实践中，德育工作者还要善于运用榜样的力量和先进事迹的影响作用，使学生既有奋斗目标又有赶超的态度，从而提高学生的自我教育能力。

自我教育并不是任由学生的自由教育，而是根据高校学生之间有相互影响的作用，进行独立的教育。自我教育是一种特别强调主体意识的方式，需要高校学生之间的相互鼓励、相互影响、相互批评，独立地发现问题、自我解决问题，为自我教育创造条件，从而提高自我教育的能力。

第四节 大众化背景下高校德育创新理念与对策

人是环境与教育的产物，正如马克思说"环境正是由人来改变的，而教育者本人一定是受教育的"，"既然人的性格是由环境造成的，那就必须使环境成为合乎人性的环境"。所以，在大众化教育的新时期，在我国进入社会主义新时代的背景下，如何创新高校德育环境，使其充分发挥育人作用，是目前高校面临的重要课题。从实践来看，需要从高校德育的观念、内容、方法及管理队伍上进行创新，需要从高校、家庭、社会环境上进行德育创新。

一、大众化背景下高校德育的创新理念

（一）创新德育理念

当前我国高校德育工作所形成的德育理念和观念是建立在传统的计划经济体制基础上的，在我国社会经济大大发展、市场经济体制改革逐步深入的今天，德育理念和德育观念也必然要求有所创新。

1.确立新主体观的德育理念

确立以学生为本的德育理念摒弃了以往将高校学生纯粹作为教育客体，被动接受的理念，它将德育作为一种人本德育，揭示了德育客体与外部世界的同一性，强调了德育

主客体的统一，开发了作为受教育者的高校学生在与外部世界的改造与被改造的主体意识，肯定了人的价值和尊严。因此，在德育的实践活动中能够做到尊重人、理解人、关心人、激励人。它最大限度地调动了高校学生的主观能动性，反映出高校学生作为人的自我意识、人的本质属性的丰富性，并对这种自我意识和本质属性赋予了鲜明的个性特征，从而强化了高校德育的针对性和方法的多样性。

2.确立指导的德育新理念

坚持以学生为本，促进经济、社会和人的全面发展。这种在新的时代特点下，以新的思想为指导的高校德育新理念使高校德育的认知性、社会性和创新性得到丰富和发展；高校德育的认知性不再是简单进行道德行为教育，而是重在道德认知，把重点放在培养高校学生道德判断、道德选择和自我道德修养能力的提高上；高校德育的社会性更加广阔，能够将高校德育与社会及现实生活紧密交融在一起，依据社会需求和不同高校学生群体的生活实践开展德育；高校德育的创新性更富于变化发展，能够根据高校学生的变化和社会时代的发展变化进行德育要素的更新，从而以科学的理论为高校学生的全面发展提供精神动力支持。

3.确立社会主义新时代的德育新理念

大众化教育背景下，由于高校学生群体的多样性，确立高校德育的新理念是大众化高等教育的必然要求，也是建设社会主义新时代要的必然要求。德育新理念能够使高校德育突出引导、协调和化解的功能，帮助不同群体的高校学生正确处理人与社会、自然以及他人的关系，协调高校学生自身利益要求，化解高校学生中出现的非对抗性的矛盾与冲突，营造和谐的德育环境，促使高校学生成为合格的社会主义建设者和接班人。

4.确立"大德育观"的德育新观念

大众化教育时代，多种生活方式、多元价值观念对教育对象带来较大冲击，多样的高校学生的教育背景越来越复杂，高校学生的思想越来越活跃，它要求高校德育工作者必须努力更新德育观念，从封闭的德育观念转变为开放的大德育观。"大德育观"即全方位的德育模式，是指把高校德育的内容、原则、方针同各种载体、媒介结合起来，不断开拓德育领域，有效整合德育资源，使德育切实落实到大学教育的每一环节，从而形成一种无形的力量，感染、熏陶多样化的高校学生群体。另外，高校德育要加强预见性，任何不正确思想的形成都不是无规律可循，而是有一个量变积累的过程。因此，要防微杜渐，德育观念要适度超前，尽量摸清高校学生的心理状况，对意见不一致的成员，要耐心做好疏导工作，从而使高校德育发挥更大的时效性。

5.确立"终身德育"的德育新观念

教育终身化、社会化是社会发展的必然趋势。随着大众化教育的来临,高校办学形式多样化和培养目标多样化使德育不仅贯穿高等教育,也贯穿职业教育、成人教育等各类教育,贯穿家庭教育和社会教育等各个方面,德育伴随人的终身。实现从传统学校德育观向现代德育终身化、社会化观念的转变,是德育工作者的必须要树立的意识。

(二)创新德育内容,提高德育实效

加大德育理论研究的深度和广度,这是创新德育内容的基础。长期以来,我国高校德育内容存在着三个问题:一是缺少时代性;二是缺少全面性;三是缺少针对性。针对当今的时代特点,要求德育创新要打破思维定式,学会从大众化教育时代的大背景条件下来观察教育现象,以长远的眼光审视和研究未来国际、国内形势发展的走向和特点,认清培养的人才将面对的国际国内环境,并结合不同高校学生群体的自身特点进行德育创新,以加强高校德育的现实性、针对性和实效性。在德育创新实践上,要加强传统教育内容与现代德育内容的统一、本土教育内容与国际化教育内容的统一。在继承和发扬以养成教育为突破口,以爱国主义教育为主旋律的德育传统的同时,创新服从人类进步和社会发展要求的新时代的德育内容。进行公平竞争观念的教育,让学生树立公平竞争的意识,进行利益观的教育,教育学生关心我国经济建设;进行平等、互助观念的教育,教育学生能正确处理个人、集体、国家利益三者之间的关系;进行良好个性养成的教育,教育学生彼此尊重、互相关心、交流合作和共同提高;进行法治教育,让学生受到规范的法治教育,教育学生树立守法光荣的意识;对学生进行心理教育,促进学生成为全面发展的人才。

(三)创新高校德育管理体制

大众化教育时代,为应对社会环境的变化,需要改革高校内部管理体制,而在高校改革中要加强高校德育体制的创新,还应重点加强服务育人体系,组建包括就业指导、勤工助学、心理咨询、校内外活动等在内的学生服务体系,建立服务育人新模式,使高校德育与高校管理趋于一体化。高校管理科学化发展,实行以育人为中心的人本管理,将充分重视学生思想道德素质的优化、文化素质和科技素质的提高、心理和情绪的调节,也将重视提高学生的学习主动性、积极性和创造性。这样,德育应更加有机地与教学、科研、行政管理相结合。高校德育,也要把科学管理作为自己最基本的载体。注意与行政手段、经济手段、法律手段有机结合，实现管理和教育的统一，制度规范与个性发展相统一，民主性与集权性相统一的运行格局，并建立与之相适应的竞争、评价、激励、约束等机制，进一步强化高校德育与高校管理一体化发展趋势。

（四）进一步加强高校德育工作队伍的建设

为适应高等教育大众化发展的需要，加强高校德育工作队伍建设，关键是建设一支政治强、业务精、纪律严、作风正的德育工作队伍。在新时代的背景下，面对国内外各种文化思潮的渗透，德育工作者必须不断提高自身素质，具备更高的政治责任感、政治敏锐性和政治鉴别力，必须不断调整、充实和提高自身的知识结构和思维水平。大众化教育时代的德育工作者，不仅要善于做德育工作，更重要的是要准确把握时代精神，将其科学地贯穿德育工作的各个领域和各个环节。德育工作者要紧跟时代，不断学习、提高自身素质，只有这样才能适应社会发展的需要，完成自己的历史使命。

二、大众化背景下高校德育环境创新对策

（一）优化高校德育环境

在大众化教育时代，高校作为人才培养、知识创新的重要场所，作为促进学生提高思想道德素质的一种特殊环境，应该形成唯德向善、见贤思齐的氛围，以良好的道德风气、精神面貌对高校学生起示范、辐射作用，从而推进全社会的道德进步。优化高校德育环境要做到以下几点：

1.建立新型的师生关系是优化高校德育环境的前提

在大众化教育时期，教师与学生的关系虽然有所弱化，但其仍然是学校生活中最主要、最基本的关系，它直接影响着学生的心理状态。建立新型师生关系的关键是教师，因为教育教学活动是在一个"场"（即"环境"）的氛围内展开的，教育教学的物质环境、社会环境、心理环境无时无刻不在影响学生个性的各个方面。在这些因素中，有相当部分来自教师本身或教师的行为，所以教师的责任感、能力及对学生的态度，各级领导和工作人员的政治观念、思想作风、工作方法等，所有这些因素决定着高校德育环境的基本性质。教师要有目的、有针对性地利用好这些因素，重视心理环境的营造与运用；引导学生去体验、感知和反思，使德育成为一个双向交流、心理相融的过程，学生在优

良的氛围中受到启迪与教育。这对提高学生的思想道德素质、改善学校的德育环境具有重要意义。

2.德育过程的情境化是优化高校德育环境的基础

大众化教育的高校，由于高校学生群体的多样化，思想多元化，高校学生具有强烈的个性特征。而德育情境化却能达到潜移默化的德育效果。所谓德育情境化，是指要求学校德育的信息输出应融入学校的一切活动中，尽可能以自然的方式，从学习、社会实践甚至娱乐中，对物质环境、精神生活乃至人文氛围，以自然的形式孕育德育的内涵。高校注重创设情境和氛围，以促使学生个体产生内在的需要和情感上的共鸣，从而主动地去实现自我教育的目的。

3.校园环境的美化是优化学校德育环境的保障

环境育人是学校全面推进素质教育的重要部分。学生在校时间生活在校园环境中，学生的精神面貌、文明行为、思想道德无不受环境的影响。创造一个良好的育人环境，能让师生在工作、学习中耳濡目染，受到良性熏陶，对文明行为、良好品德的形成起到潜移默化的作用。通过将校园打造成和谐、优美、洁净、绿色的富有教育意义的环境空间，在培养学生环境意识、环境伦理、环境价值观的同时，提高学生的思想意识和心理素质。心理学理论认为，自然环境对人的影响主要是通过客观现实对人的心理产生影响，如优美的校园风光、布局合理的校园建筑、美观科学的教室装饰、完善齐全的文化教育设施，无不给师生以积极的心理影响。

（二）发挥家庭教育的优势

大众化教育时期的高校对学生的管制相对宽松，建立家庭和学校开展学生德育渠道，优化家庭教育环境，是提高学生的思想道德水平，增加高校德育教育效果的重要方式和途径。学生思想问题的产生和发展，家庭环境、家庭教育是不可忽视的因素，所以学校教育与家庭教育的积极相互配合，将会使高校德育工作事半功倍。因此，学校要引导和帮助家长树立正确的教育观，改善家庭环境，以良好的行为、正确的方式、和谐的气氛去影响和教育子女，这样有利于高校学生良好道德素质的养成。发挥家庭教育的优势主要做到以下几点：

1.家庭教育资料规范化

有些优秀的德育工作者对学生的家庭情况较为了解，一些学生存在的思想问题，借助家庭的帮助得以解决。因此，有必要将学生的家庭背景资料规范化，并把它作为学校思想政治工作资料建设的内容之一,并将其应用于实际工作中。

2.家庭教育运作科学化

高校需要有计划地对家庭教育的性质和方向加以引导,力争使家庭教育与高校的培养目标一致。这是高校发挥其特有的社会影响的重要而有效的途径。

3.家庭教育赋予情感化

父母对子女而言,不仅负责物质上的供给,更重要的是精神上的引领、情感上的支持。与初、高中生不同的是,高校学生处于成长发育心理上的断乳期。高校学生在外求学,突然离开家庭,情感上与父母一时难以割舍。此时,对父母来说,要紧紧抓住这一有利时机,鼓励孩子把对父母的眷恋转化为成长的动力,转化为对同学、对新的集体的爱。促进子女在尽快适应高校生活的同时,将自己的情感加以升华,在心理上尽快成熟。

4.创设情境,提高学生认识

高校应创设一定的教学情境,教育学生提高对家庭教育的认识,明确态度,既不回避家庭教育的客观存在,又能理智地把握家庭教育的地位和作用。因此,学校有必要有组织、有意识地在思想道德修养等基础课中,介绍一些相关的家庭教育知识,也可以单独开设相关选修课,提高学生对家庭教育的正确认识。

5.信息沟通多样化

学校及各个院系的网站,可以向家长开放,建立网上联系方式;主管学生工作的领导、教师,可以建立定期与学生家长沟通制度,尤其是学期初或学期末,设立家长接待日或接待周;可以利用学报、院报等媒体,让学生家长了解学校的发展变化,并参与学校的建设。

(三)加强社会环境的调控

大众化教育时期,社会环境对高校学生的思想道德的形成逐渐起着决定性作用。高校的开放性特点,使现代德育受社会环境的影响日益加大。社会主义经济发展的市场化、全球化的趋势,人们对经济利益的追求,不同的生活方式、行为方式、文化观念、思想意识等,对高校学生产生深刻而广泛的影响。有关部门应加强社会调控,为高校学生提供健康成长的良好社会环境。具体来说,对社会环境进行调控应从宏观、微观两大方面进行。

1.宏观社会调控

宏观社会调控指对大众传媒的操纵者、制作者、经营者的控制。具体来说有以下两点：第一，国家立法部门应建立健全相关法律，执法部门应严格执法，对传播不良思想的违法犯罪予以严厉打击。信息管理部门要加强对电子信息产品和计算机网络的监管，及时清除通过网络传播的不利于高校学生健康成长的信息。对于那些网络内容加强法律、技术上的监控。第二，全民动员，优化社会政治、经济、文化环境。优化社会政治环境，以带动社会风气的根本好转；大力加强公民道德教育，努力提高全社会的道德素质，形成全社会重德、敬德、好德的道德文化氛围；充分发挥政府在宏观调控方面的优势，对社区、传媒等社会文化环境实行监控，确保这些社会环境对高校德育起到支持作用。

2.微观社会调控

微观社会调控指家庭和学校为避免大众媒介对高校学生造成不良影响采取的对策。家庭和学校、家长和教师应对传媒影响的选择和接收环节进行调控，培养学生的鉴赏、判断能力，使他们能够正确有效地利用现代信息资源。高校和家长要对子女阅读的书籍、收藏的音像制品等以适当的方式进行必要的指导，教孩子学会选择、学会欣赏。

（四）构建以高校为主力的德育环境

面对大众化教育的时代特点，全社会都应充分认识到高校学生思想道德建设这一战略任务的重要性和紧迫性，要以高校为龙头，以家庭为基础，以社会为平台，切实构建高校、家庭和社会"三位一体"的德育环境，整合各种德育资源，形成德育合力，共同营造有利于高校学生健康成长的良好环境。

高校德育环境建设不是一个独立的过程，随着经济全球化、信息网络化的发展，它与社会、家庭的关系更为密切。高校应积极发挥主体意识加以调控和优化。通过高校有目的地吸收、筛选、调节和整合，实现德育过程的互动，从而构建一个优化的高校德育环境。高校对社会、家庭环境的调控主要有三种方式：一是吸收。吸收社会和家庭当中的合理成分和有益养料，以此丰富学校德育的内容，增强学校德育的活力；二是筛选。社会和家庭积极和消极的影响决定了德育实施中筛选的必要性，通过筛选，达到去伪存真，合理发挥其积极影响，尽量克服其消极影响；三是调节整合。高校应主动自觉地对各种不良影响进行调节，并且根据高校学生道德发展的需要重新整合构建，以形成共同的作用力与正向合力。在教育形式上，高校要注意校内外协调一致，以高校为主力，建立高校、社会、家庭整合的德育系统。在对学生进行德育的过程中，三者应加强联系，相互适应，形成联动，从而沟通学校环境、家庭环境和社会环境之间的联系，达到过程的优化，形成环境影响的教育合力，充分发挥德育环境的整体教育作用。

总之，良好的高校德育环境就像教科书，其"硬环境"有利于高校学生在从形象思维到理性思维的升华中受到潜移默化的教育；"软环境"有利于高校学生在从道德理性认识升华到道德实践的过程中养成优良的思想道德品质，促进自身的成长成才。中国特色的社会主义事业要靠青年一代去继承和创造，而青年一代的素质培养则需要全社会共同创造一个优良的德育环境与社会环境。因此，必须深刻把握时代特点和高校学生的思想实际，在社会主义和谐社会的理念下，加强高校德育环境建设，共享和谐良好的德育氛围。

第四章　高校德育与高校学生个体的全面发展

第一节　高校德育个体发展价值实现的理论依据及现实要求

随着社会的进步，人的自我意识不断觉醒，社会对教育也提出了新的要求。社会要求教育更重视学生的权利，关注并服务于学生个体自由全面的发展。这对高校德育工作带来了新的挑战，即高校德育要培养学生具有良好的人格，为学生拥有美好的人生打下基础。

一、德育价值与个体发展价值

德育价值依照不同的标准，从不同角度可以划分为不同类型。按照德育价值发挥效用的空间范围分，可以将德育价值分为社会发展价值和个体发展价值。社会发展价值是指德育对政治、经济、文化和生态等作用所呈现出的政治、经济、文化和生态价值，从而具备了对推动生产力和经济发展所具有的精神动力和方向保证的价值；维护和促进社会政治稳定的价值；对文化具有选择、传播、渗透、创造的价值，对社会主义精神文明建设的辐射价值等。个体发展价值是指德育对个体发展的内在价值，是德育对于学生个体存在和发展需要之间的接近、适合或一致，致力于进一步提升个体的适应能力，促进社会化过程；促进个体的全面发展，塑造健全人格，培养创新精神等。德育的个体发展价值从内容上看，大致包括以下几个方面：引导政治方向，激发精神动力，塑造个体人格，合理约束行为规范。

个体发展价值是相对于社会发展价值而言的，二者在本质上是统一的。首先，德育价值的两个价值主体—个人和社会在本质上是统一的。个人是社会中生存的个体，是社会关系的总和；社会是由单个的人所组成，这是德育个体发展价值和社会发展价值相统一的理论基础。其次，德育的个体发展价值和社会发展价值相互联系、相互促进、共同发展。个体发展价值是社会发展价值的基础，社会发展价值是个体发展价值的延伸和验证。所以，在德育工作中，人们应当走出两个误区：一是只见社会发展价值，忽视或者弱化个体发展价值；二是只见个体发展价值，忽视社会发展价值。这两种错误倾向都没能全面科学地把握德育价值的整体内涵，不利于德育工作的开展。当前德育工作往往对社会发展价值强调得比较充分，而对个体发展价值重视得不够，实际上，任何社会的健康发展都离不开对个体发展价值的关注，作为教育重要构成之一的德育更应该重视对个体发展价值的关注，使德育回归到个体的生活中去，成为个体的一种生存方式。当然，实现德育的个体发展价值并不是去违背社会发展的需要，而是把个体发展的需要、个体发展价值的实现融入社会发展之中。也只有这样，个体才能获得更充分、更健全的发展。

二、德育个体发展价值实现的理论依据

为德育两大价值关系的认识奠定理论基础的是实现人的自由而全面的发展的理念，这是最基本的价值取向和崇高的目标，是社会主义社会的本质特征。人的自由而全面地发展是德育的终极目标。在人的自由发展中，人的德育发展是自由发展的根本，为人的自由发展提供方向和动力，德育的目标就是要培养个体积极健康的个性，具有良好的道德良知、政治修养、审美素质等意识，使他们成为个性全面发展的主体。人的全面发展学说对实现德育个体发展价值的理论意义有以下几个方面：

（一）人的全面发展学说为实现德育个体发展价值提供了理论基础

关于人的全面发展理论对高校德育工作的启示有三个方面：第一，重视人的全面发展。人的全面发展是社会发展进步的结果，人的独立自主活动和意识是人的全面发展的重要表现。第二，社会制度和经济的发展为人的全面发展创造了条件，只有消灭私有制，人们才能"共同地和有计划地利用生产力；把生产发展到能够满足所有人的需要和规模"；应"结束牺牲一些人的利益来满足另一些人的需要的状况"；通过消除旧的分工，通过产业教育、变换工种，所有人共同享受大家创造出来的福利；"通过城乡的融合，使社会全体成员的才能得到全面发展"。第三，批判对人的抽象理解，指出人的全面发

展的具体目标。人不是孤零零的，他是一切社会关系的总和，马克思认为机械化的社会分工造成"为了训练某种单一的活动，其他一切肉体的和精神的能力都成了牺牲品"，"教育就会使他们摆脱现代这种分工为每个人造成的片面性"。同时，全面发展的对象是社会全体成员，对于每一个个体而言，全面发展要求实现作为生产者的人的能力的充分自由的发展，同时也包括了人的道德品质与审美能力的发展。

关于人的全面发展的学说，为在认识德育的两大价值问题上，提供了历史唯物主义的认识基础与辩证思维方法。用辩证的观点来看，高校德育的两类价值的关系从理论上和实践上都经历了从原始的统一到分化与对立，再到趋向于在分化的基础上达到更高水平的辩证统一的历史过程。所以，人类发展到今天，德育到底如何对待两类价值，如何实现德育对个体发展的价值，首先应该根据实际情况进行分析。另外，唯物史观使人们认识到，德育价值的实现受三点因素制约：社会制度和经济发展水平、领导阶层和决策人物的选择，以及德育理论的发展水平。这样看来，从我国实际情况来说，重视人的价值，社会发展水平在不断提高，有条件为个体发展提供物质基础；研究者在德育如何促进个体发展这一方面也作出了丰富的理论和实践贡献，为德育个体发展价值实现提供了学术基础。因此，今天的德育工作为实现个体发展价值起到重要作用。所以，教育所要做的就是避免社会分工造成片面发展的缺陷，把教育的价值回归到个体身上；对于德育来说，它的价值就不仅仅局限在迎合社会发展方面，还应该深层次地关注个体的发展层面。

（二）德育基本规律的研究成果为实现德育个体发展价值提供了理论来源

德育的基本规律是德育适应与服务于社会发展的需要，适应与服务于受教育者个人发展需要相统一的规律。这个规律包括五个层面的含义：一是双要求，既要"适应"又要"服务"；二是双层面，即"现状"层面与"需要"层面，既要面向现实，又要服务于未来；三是双对象，即社会与个人，既要适应与服务于社会，又要适应与服务于个人；社会发展需要与人的发展需要，尽管不是完全对立，但是存在不平衡的现象，德育要做的就是把这两者统一起来；四是双和谐，即德育需要与社会发展和谐，也需要与人的发展和谐，也就是德育、个人、社会三者的立体和谐；五是契合两个维度，德育要契合心理和契合时势两个维度。德育要卓有成效必须寻找与人的心理、时势的契合点，这个基本规律涵盖教育者、受教育者、社会环境三大基本要素，反映了三者之间的辩证关系，反映了德育对社会和对教育者的双向责任。德育的基本规律贯穿德育的全过程，存在于各个方面。德育的出发点是从事实际活动的人，而且从他们的现实生活中可以揭示出这一生活过程在意识上的发展。而德育工作者的责任是把个人需要与社会需要和谐统一，并双向满足。因此，德育在价值取向上要求社会价值和个体发展价值的两种价值取向，德育不仅要登高望远，为社会发展服务，同时也要实现促进个体发展的价值。

三、高校德育个体发展价值实现的现实要求

二十世纪八十年代以来，尤其是"两课"课程方案实施以来，我国高校德育教学工作有了很大的进步。在社会不断发展变化的今天，高校德育的教育环境、教育对象、教师队伍、教育任务等有了很大变化，传统高校德育在强化人的社会性，维护社会稳定的同时，一定程度上抑制了学生的积极进取、主动创造的精神和能力。虽然，近年来我国不少学者从多个角度对高校德育工作的开展进行了研究,提出了"主体性德育""交往德育"等相关概念，努力使高校德育工作更贴近学生。但是，由于种种原因，高校德育在具体的实践中还存在局限性，而克服这些局限性的根本途径都离不开充分实现高校德育的个体发展价值。个体发展价值的实现对于当前高校德育有以下几点意义：

（一）有利于克服德育工具性的局限

随着人类社会的日益进步，人的自我意识的日益觉醒，社会也开始变得越来越人性化。这种变化体现在教育上，是满足人的需要，将人的全面发展作为社会发展的根本目标和衡量的重要尺度，也是将人的各种智力和精神资源作为促进社会发展的持久有效的动因。这种将人放在主体地位的发展观并不是忽视经济发展，关键在于将经济发展作为发展人的一种途径，确立人的主体性地位，最终使社会和经济发展变得更加人性化与和谐化。从发展观出发，高校德育的价值也主要表现在个体自身价值的提升，个体的各方面素质的提升，个体的全面发展和个体的本质力量的增强。然而在社会持续不断发展数多年后，部分高校德育工作在实践中还经常是以工具性的形象出现。工具性高校德育的主要特征体现在重视社会发展对德育的规定性要求，把受教育者个体甚至教育者当作是适应社会发展需要的一种工具。整个高校德育的过程与其说是教育者在教育学生，倒不如说是整个社会在"外适"的高校德育，而教育者和受教育者都成为社会发展的工具。

（二）有利于"内适"与"外适"的统一

所谓"内适"是指高校德育的个体发展价值，"外适"是指高校德育的社会发展价值。科学的高校德育要做好两个方面的工作，一是服务于受教育者，进行个体社会化，这是其适应社会发展的内在要求；二是作为学校教育有机整体中的重要组成部分，是教育系统中的子系统，按照高校德育的总目标要求，将共同的理想及相应的道德规范，内化为受教育者个体的道德、品格、素质，并与其他各科教育相互影响，最终促进个体社会化。这种过程的实质是将外在的社会要求内化为个体素质，并使外在的社会要求与个体思想品德达到和谐统一的实践活动。这折射出高校德育工作的根本规律："内适"与"外适"的辩证统一，即对受教育者生理、心理等全面发展的适应和对家庭、学校和社会等外部环境的适应。体现在高校德育的效果上就是两类满足：满足国家和社会对人才培养质量的需要；满足受教育者个体发展的需要。如果高校德育遵循了两个适应的根本规律，做到了两个满足，这样的高校德育就是卓有成效和深受欢迎的。现实中的高校德育在实际操作中更多地体现了工具性的色彩，其原因就是过分偏重"外适"，过分强调高校德育的社会价值。

高校德育具有明显的政治性和阶级性，它要受阶级的、社会的政治、经济、科技、文化的制约并为其服务。而且，在当前高校德育的社会价值就是要满足我国社会主义现代化建设的需要，使受教育者成为社会主义现代化建设者和接班人。可是，物极必反，单纯强调高校德育的"外适"，强调它的社会价值，往往会受到受教育者的抵触，最终不能完成高校德育的任务。所以，要呈现出科学高校德育的面貌。在现实的条件中，必须重视高校德育的个体发展价值，体现在德育工作规律上也就是重视"内适"，充分实现两个适应的结合。高校德育的"内适"规律，主要是指德育工作的目的性和针对性，高校德育的目的是培养有理想、有道德、有文化、有纪律的高度社会化的人才，它针对的是一个个活生生的人。在高校德育中，只有深入研究不同学生的思想差异和身心情况，有针对性地进行德育促进其自身发展，在促进个体发展的同时，将社会的道德准则、政治理念等思想"内化"为个体内部的道德素质，才有可能在实现高校德育个体发展价值的同时实现高校德育的社会发展价值。

第二节 高校德育在个体全面发展中的作用

大学阶段是高校学生个体价值观和基本素质形成的关键时期,而高校为这一切提供必要条件和物质基础,德育则是高校教育的基础性教育,在对个体全面发展的方向引导、角色认同、人格的塑造上,以及未来行为的选择上都具有至关重要的作用。

一、培育个体的道德认知

长期以来,在对人的培养方面带有某种客体的、被动的、适应的观点,使德育呈现出一种工具性特点。在实施德育的过程中倾向于高校德育的社会价值,习惯性地为社会发展"生产"批量人才,他们没有很鲜明的个性特点和创新意识。但是现在高校学生个体思想意识相较于前人更加活跃,追求自我价值的意识和需求更加强烈。所以,目前重视高校德育社会价值的德育模式已不能完全适应高校学生自身发展需求和社会发展需求。如果当前高校德育继续这种模式将会弱化它本应该有的个体价值,也会严重影响到德育的实效性和认可度。因此,在这种背景下应重新审视高校德育,重视它的个体价值,关注高校学生个体的全面发展。

（一）道德认知的概念

认知活动是人们通过对事物表面现象的感知和观察,揭示事物内在本质及其规律的心理活动;道德认知则是"对道德规范及社会伦理秩序的观察与理解,并通过自身道德思考、道德选择与判断,把握和揭示规范的内在本质,更好地使规范被自身所接受"。道德的认知不仅包括对道德规范、知识的理解,还包括个体内在的情感体验和外显的行为。个体只有亲身践行才能真正明白、掌握知识,并在实践中提升自己的认知能力。因此,道德认知过程就是个体在社会交往过程中,面对一定的情境和现象,对此进行感知进而形成一定的道德印象,经过对这些道德印象进行思维上加工处理,即通过道德判断、推理、归纳,逐渐形成一定的道德观念、道德理性和道德智慧的过程。道德认知是个体道德心理形成与发展的开端,也是产生道德判断与道德选择的基础。如果个体对道德规范没有任何认知,则很难形成具有特点的道德选择、判断及对道德的反思和抉择。一个对道德规范不明确的个体很难保证自己的行为也会符合道德规范,更不容易成为一个道德高尚的人。

(二)育化个体道德认知,引导个体的发展方向

道德认知与其他学科的认知方式不同,其他学科的知识给予个体的是客观存在的事实或规律,个体达到对其理解和内容的掌握即可,一旦被理解便很容易被接受和相信。但道德规范的认知会受到个体自身认识能力的限制,也容易受到现实道德情境的冲击,社会所要求的道德规范与现实中个体所接触的道德情景之间的冲突。个体了解道德规范和知识后会形成相应的道德理念,但在接触不同现实道德情境的过程中,既有遵循道德规范的行为,也有违背的行为,那么个体必然会进行道德观念与道德情境的对比,以此来判断道德观念的真实性与可行性。如果发现不一致,则会认为规范不正确,也必然会不相信规范更谈不上接受它。

从心理学角度讲,认知从知觉逻辑排序到知觉组织识别,会经历自上而下和自下而上两个过程。前者会使得已形成的思想观对事物的理解产生影响;后者则与个体的生活经验密不可分。在处理信息的过程中,容易对事件和事物进行经验性总结。显然,在个体认知的过程中如果只有前者,那么容易被一些具体事实所约束;如果只有后者,个体将会迷失在自己想象和期望的理想世界中。所以只有将以上两种加工过程统一起来才能构成基本的认知过程,在个体实现道德认知的过程同样如此。

所以高校德育在培养个体道德认知的过程中,首先应坚持道德规范的现实性与历史性统一、可执行性与可违背性统一、事实必然性与价值需求性相统一。其次,在传递道德规范的过程中将德育知识与学生生活经验相结合。坚持以上原则有助于帮助高校学生个体掌握正确的道德观念,为个体的全面发展指引正确的方向。

二、培养个体的道德情感

人们对世界的感知通常都会通过情绪或情感来表达,而不是运用概念来实现。特别是高校德育,尽管德育知识本身具有揭示事物本质的意义,但如果在德育知识传授的过程中没有社会生活作为依托,则很难帮助高校学生解决实际生活中的道德困惑,也不易

让学生真正产生情感认同和心理影响。

（一）培育道德情感，产生正向情感体验

道德情感是"个人在特定的道德实践的基础上，对一定道德价值形成热情或冷漠、偏好或厌弃、热爱或憎恨、热烈追求或蔑视不屑的意向性态度的过程"。情绪是人在最自然状态下的流露反应，是无法遮掩和隐藏的，它是个体道德心理中最活跃的部分，因此道德情感产生于道德认知之后的一种情绪或情感上的体验和感受。这种道德情感包含着特定的道德观念，与个体的道德需要联系紧密，当社会规范与道德需要一致时，就会感受到正向的情感体验，当不一致时，就会感受到负向的情感体验。道德情感是个体产生道德认知和形成道德意志的动力，对道德认知具有重要的情感选择作用，当个体产生正向情感体验时，会对道德规范的认识形成积极的态度。

（二）培养个体情感体验，推动个体对角色的认同

通常情况下，高校学生个体对德育知识内容的接受有两个因素不容忽视：智力和情感，即能否接受以及愿否接受，能否接受主要取决于他们的智力因素，能够顺利通过高考的选拔，说明他们的智力水平已符合要求，且德育内容的设计也会顾及高校学生的知识水平和结构。所以在能否认知这一因素上不存在问题。那么，学生"能否愿意接受"就成了高校德育的关键。

知识之知，关键在于懂不懂；技能之知，关键在于能不能；道德之知，关键在于信不信。高校学生对德育内容的是否相信就决定了愿否接受它，而解决信不信的问题，重点在于个体在接受道德规范后能否还有相应的情感体验。个体在认同德育内容和规范的过程中，个体会持有被动接受或主动内化的态度，如果是被动接受，只会达到对内容的"熟记"程度，不会对规范和内容真正领悟并付诸行动；如果是主动内化，那么德育规范和内容会伴随着情感体验进入下一阶段。个体如果经历负向体验，会消解之前学习的内容或形成的人格；如果经历正向体验，学生则会相信所学德育内容并愿意接受它，所以高校德育所传授道德规范和内容必须符合生活的逻辑。

德育主体只有真正获得切身的体验的东西，才易"入其脑、进其心"，只有在生活中将自己所接受的道德规范教育得到验证，才能成为其德性中的有机组成部分，才能提升其道德境界。因此，只有重视高校德育过程中的情感体验活动，让高校学生个体在认知德育规范后，在实际生活中能够得到验证，并可以解决一些实际的道德困惑和道德问

题，这样的德育才能真正适合个体，对他们产生影响并促进其全面发展。

三、坚定个体的道德意志

个体在将道德认知转化为道德行为的过程中的道德意志具有重要的推动作用，是个体解决内心道德矛盾与支配道德行为的力量。高校学生个体在对德育内容及规范正确认知前提下，在被道德情感激励之后，在意识层面形成的稳定的践行道德规范的心理定式。同时，道德意志会在个体践行道德规范过程中抑制个体意识层面的非道德冲动，自觉地克服困难，在做出向善选择过程中有意识地形成坚强的意志和坚韧的精神品格。

（一）道德意志

意志是个体所独具的自我意识的一种特殊心理现象。在道德领域，道德意志是指"人们在实践理想、履行道德义务的过程中，自觉地克服困难和排除障碍的毅力"。道德意志是个体产生道德行为的精神力量和重要杠杆。坚强的道德意志会促使良好的道德行为反复出现并持之以恒，反之则会很难形成持久的道德行为习惯。道德意志过程则是指"个人在道德认知力量和情感力量的作用下，形成坚持追求一定道德价值所必需的意志力量的过程"。个体在德育培养的过程中，既会具备认知道德规范和内容的能力并会形成相应的情感体验，也会刻意地将道德认知付诸实践，转化为道德行为。

（二）个体健全的人格

个体的道德意志是历经数次的道德实践、累积了长期的道德经验后形成的稳定的向善动机，使个体有意识地追求善。它具体表现在高校学生具有恒久性和个体性的道德动机和道德信念。道德意志一旦确立便很难改变，并且在道德实践中会有意识地克服非道德干扰，更容易形成健全的人格并实现道德的知行统一。

个体自由而全面的发展应包括需要、能力和道德水平等方面的发展。高校内高校学生个体想要全面发展首先要有一定的道德水平并且在面对复杂的道德情境时也会做出正确的选择，具有稳定、健全的人格。因此，高校应积极引导高校学生个体进行道德能力建设，使其能够提高自己道德认知能力，并增强自身的道德判断能力、提升道德实践的能力，形成稳健的人格，逐渐在社会关系中实现全面、自由的发展。

四、培养个体良好的道德行为习惯

道德习惯一经形成就不易改变,所以高校德育在培养个体的过程中,只有帮助个体形成良好的道德习惯,未来他们在面对复杂的道德情境时才有可能依然可以做出正确的行为选择。

(一)道德行为内涵

德行,是"人们在认识、情感、意志和信念的支配下,在实践活动中履行一定的思想道德义务的实际行动"。道德行为"是一个人思想品德外在的表现和综合反映,是衡量一个人思想觉悟高低、道德品质优劣的重要标志"。一方面,这里所说的行为并不是指个体的某一次行为,而是指一个人长久的道德行为习惯;另一方面,因为人类在复杂的环境和社会关系下会产生复杂的行为,所以德行也是一种复杂的行为。因此,个体的所有行为并不全都是良好德行修养的表现,"只有那些有自觉意识、自主自愿的、具有社会意义的行为才是道德行为"。

(二)培养个体良好的道德行为习惯的途径

个体能够将道德认知转化为道德行为,除了德行本身保持的整体性和稳定性的要求外,德育主体有效的心理体认、利益考量,以及整个德育氛围也会产生很大的影响。在实施德育过程中应增强个体的情感体验,正确引导个体的道德认知,确保其有效的心理体认;同时也应考虑个体践行德行的代价,因此高校要对践行德行的学生予以物质和精神上的奖励。尽管倡导高校学生要勇于奉献,但高校德育对高校学生的培养不仅要帮助他们面对校园的生活环境和人际关系,更重要的是应该考虑他们的未来。此外,学校的德育氛围也是个体道德行为习惯形成过程中不容忽视的因素。环境不能决定人,但足以影响人,所以高校应营造良好的德育氛围使高校学生受到潜移默化的影响,并逐渐养成良好的道德习惯。

五、高校德育在个体全面发展中作用弱化的表现

高校德育在实现个体全面发展过程中存在的问题并不只是某一方面的,而是各个因

素综合作用的结果，其主要有以下几个原因：

（一）高校德育理念的偏差

思想是行为的先导，理念既是一切社会历史活动的指导原则，也是活动的方向及指导原则。德育的根本理念在于以人为本，即尊重人、理解人、关心人。所以高校德育的一切活动都应该以高校学生个体的全面发展为基本出发点，同时也是最终的落脚点。在高校德育中，德育工作者主要为高校学生服务，是"以学生为本"，促进高校学生个体的全面发展。但是受传统德育理论的影响，这种"以学生为本"的德育理念没有正式确立。高校德育在基本价值取向上注重的是个体的"工具性"，认为德育要为国家的政治、经济以及文化的发展服务。

传统德育模式单向强调个体为社会发展的服务性，而忽视了人的目的性。这种德育模式尽管在规范个体行为、强化学生集体观念等方面具有良好的效果，但是随着社会的发展的需要，这种单向的德育模式给高校德育带来负面影响。受"工具性"德育观念的指导，高校德育工作者在实施德育的过程中，容易把高校学生看成被灌输、被塑造的客体，不去关注高校学生的主体性，认为高校学生的一切成长以社会发展的需要作为培养人才的目的。在这样的培养理念下容易将学生视为"批量化生产的产品"，很难促进其形成独立、完整的人格。而且这种德育理论模式忽略了为学生服务的意识和对学生的尊重的态度，长此以往容易让学生对德育产生排斥感和厌恶感，难以达到高校德育应有的实效性，也使得高校学生对德育在教育中的地位产生怀疑。

（二）高校德育环境对个体发展的影响

德育环境由一切能够影响个体身心发展的外部因素构成，按范围来划分，可以分为大环境与小环境。从大环境来讲，社会环境是影响德育的重要因素，国家政治环境与文化环境贯穿并制约着德育活动的方向、内容与实施。从小环境来讲，学校环境是影响德育的重要因素，高校学生个体大多数时间是在学校，而且主要的人际关系和交往活动都在学校。

就大环境而言，"我国现行德育是以社会本位论为基础的，德育首先是一种社会现象，它由校内校外多种因素起合力作用。"学校以外的大环境影响主要表现在以下几个方面：一是社会的转型影响着高校学生的价值观念。近年来，随着我国改革开放的不断深入带来的社会转型，市场经济存在的消极影响，互联网信息的虚拟性和不对称性都深刻影响着高校学生的思想观念;二是部分高校学生对自己的人生价值和存在意义产生了困惑;三是高校学生压力大,经济压力、感情压力、学习压力和就业压力使他们感受到理想与社会现实巨大的反差。目前高校德育工作忽视了社会环境因素的影响,未能及时调整德育内容,导致学校德育的工作和学生的现实需求出现了失衡的现象,也使得德育观念难以被学生接受。

就小环境而言,当前高校德育仍然把社会发展作为德育培养人才的出发点。首先,在德育内容中,多是从社会政治、经济的需要角度,较少从学生个体的发展角度来考察。其次,个体在德育教学活动中往往重教育结果轻教育过程,盲目地追求可以量化的结果,忽视德育为其带来的非量化效果,如个体思维方式的丰富、主体性的增强等;在教育活动的形式与内容方面,缺少对德育内容的理性审视和对教育形式的价值反思,盲目追求活动形式的多样化。不仅容易出现"重形式、轻内容"的错误理念,也使得个体难以对德育的个体价值进行反思。

第三节 高校德育在个体全面发展中作用发挥的途径

随着科学技术的进步和市场经济的迅猛发展,高校学生个体的思想与行为呈现出许多新特点,高校德育的任务、环境、对象等都发生了变化,这给高校德育促进个体全面发展提供了机遇,同时也带来了挑战。因此,面对新形势,高校应树立正确的德育观、改进高校德育的方式与方法、优化德育的校园环境、健全学生进行社会实践的机制,从而促进高校学生个体的全面发展。

一、树立正确的德育观

德育观是德育改革和创新的指导思想,树立正确的德育观念是德育最终成效的评判依据,也是深化德育改革和完善高校德育的起点和关键。因此,要完善高校德育,首先需要树立正确的观念来促进高校学生个体的全面发展。

（一）正确树立高校德育主体观

德育的主体所包括的教育者和受教育者都是人，所以德育的工作实质就是影响和改变人的思维方式、价值取向等。因此，德育要有成效，就应该尊重和关注个体的本性。高校德育关注个体的各个方面，让高校学生个体健康地成长和全面地发展，让高校真正成为师生的思想和精神驻地，应该用人的方式去对待人、理解人、关怀人。由于个体本身拥有无限的多样性和丰富性，都是一种可能性的存在，个体存在的意义便是实现自己可能性的发展。德育理论往往都是建立在这样的模式上，卓有成效的教育能够通过外力作用决定个体的可能性发展，个体是完全可以被加以塑造的变化体。这种模式，在一定程度上具有合理性，却忽略了一个更加重要的方面，即个体的本质具有无限的多样性、丰富性和可能性存在，既有生理意义上的存在，也是超越生命的存在。正是这种可能性的本质决定了德育不只是使人服务于现实生活，更重要的是关照个体的思想世界，关注他们的精神需求，促进其不断向前发展。因此，高校德育应承认高校学生个体具有能动性和创造性并尊重他们是拥有独立人格的个体。同时，高校也需要关怀高校学生这个完整的生命体，要看到高校学生是有思想、有情感的，而且是具有潜在发展性和现实生成性的特殊个体。

（二）正确树立高校德育任务观

德育的任务，不仅仅是使人成为一个遵守社会道德规范的社会人，而且尊重人的各方面需要，使人明白生命的价值和生存的意义，丰富和完善人的精神世界，促进个体过上有意义的生活，使个体的个性自由全面发展。传统的德育理论尽管并未完全脱离个体的生活世界，但忽视了社会生活和个体生活本身存在的巨大张力，其所注的只是一定社会价值要求下的社会生活。这样的德育极其重视学校德育和课堂教学，忽视了生活本身的教育意义和价值，造成了课堂教学日益脱离现实生活，使学生脱离了与实际生活的联系，造成对他们对现实生活困惑、对未来生活迷茫。高校德育首先必须尊重个体自由选择的意愿，而不是代替他们做选择。因此，高校德育的一个重要任务是当受教育者在生活中面临困难或困惑时，促使其做出正确的选择，并为他们实现自己的"可能生活"提供帮助。同时，还应唤起学生个体的主体意识，提升他们的主体性，反对从不切实际的高远理想、单一理想出发，脱离学生的实际生活，把学生当作填充德育知识的"容器"。

二、改进高校德育的方式与方法

促进高校德育的发展，不仅要有科学合理的德育观，还需改进高校德育的方法。应做到理论引导与情感熏陶相结合、个别教育与集体教育相结合等。

（一）理论引导与情感熏陶相结合

理论引导是高校德育传统的教育方法，也可被称为理论灌输法或理论学习法，它是指教育者通过有目的、有计划的教育活动，受教育者理解并掌握与道德相关的理论知识。理论引导教育法始终成为高校德育的基本教育方法，并一直是高校德育工作者运用的主要方法，其对德育具有非常重要作用。高校德育使用理论引导教育的方法是因为个体的意识具有相对独立性和能动性。理论是行为的向导，个体在接受一定的理论之后，会转化为特定的精神性因素，这些将成为人们内心的支柱和动力，改造他们的思想，支持他们的行动，所以理论的引导作用是不容忽视的。但是仅仅靠理论引导还不够，还应关注对学生的情感熏陶，让他们能够真正获得情感上的体验。情感是需要的反映，它反映着个体对自身利益的满足与否所产生的情感体验。人只有内心真正体验过某种价值，对其产生信任、认可的情感或厌恶、排斥的情感，才能称为德育过程的真实存在性。高校学生个体学习德育知识的过程本质上是从情感上的认同向理念认同的过程，它包含德育内容与学生生活经验关系的价值判断与亲身体验，是理论引导和学生情感体验式教育相统一的过程。"道德情感则体现着个体的道德需要，它的产生与个体其他方面的需要不同，其出发点也不带实用主义，而是主体对道德规范认同所产生的非功利性特点。"所以，"德育工作者要积极了解学生的个性特点，把真心用到学生身上，让他们感受到教师的关怀。当德育工作的理论引导不能真正说服他们时，如果用这一方法，可能会收到意想不到的效果"。并且只有在德育过程中真正将理论引导与情感体验的相关活动结合，才能使高校德育适合不同的高校学生个体，才能对他们产生积极的影响，从而促进其全面发展。

（二）集体教育与个别教育相结合

高校德育在高校教育中居于首要地位，德育与其他课程教育不同，它是需要所有学生都进行的，所以其教育方式是集体教育。集体教育不仅只有课堂教育一种形式，还有专题讲座、座谈会等形式，以班级或年级为单位，对高校学生的学习、生活、人际关系处理等普遍存在的问题进行探讨和教育。由于集体教育覆盖面广，一些基本的知识和理论传授速度快，一些共性问题也可同时解决，在实际教育工作中可以达到事半功倍的效果，但注重集体教育的同时还要注重个别教育。高校学生来自不同的地方，来自不同的家庭，具有不同的生活习惯，他们之间必然会存在差异。特别在实现高校学生个体自由、全面发展上，不同的年级、班级存在差异，学生个体之间也存在着很大的差异。因此，德育工作者应针对不同的学生个体的性格特点和自身面临的不同问题，采取个别教育的方法，注重教育内容的针对性和差异性，也要注意教育方式的多样性和灵活性，以民主、平等的方式进行德育；利用合适的时机帮助高校学生解决生活和学习上的困惑，确保高校德育的效果，保证高校学生个体全面、自由地发展。

三、优化学校德育环境

环境是个体成长和发展所依靠的外部因素，但它对个体产生的影响是任何教育者和被教育者都不容忽视的。首先，环境为个体的发展提供了条件和可能性，因为德育活动都是在一定的环境中进行的；其次，个体与环境相互作用和影响，个体的主观能动性决定了个体可以对环境进行识别和改变，反过来环境也可以影响和改变个体的言行举止。所以应优化学校德育的环境，为个体的全面发展创造好的条件。优化学校德育的环境需要做到以下两点：

（一）坚持高校德育工作者的正确引导

在高校学生德育中，教育者要为高校学生个体把握符合其全面发展的大方向。高校德育工作者应主动引导高校学生参与各种实践活动，高校的学习方式与中学有很大的区别，高校学生拥有了更多的自由支配的时间。所以，德育工作者要经常组织和引导高校学生个体积极参与实践活动，并提出自己的看法，以此来了解高校学生参与活动后的感受和思想变化。德育工作者要及时引导高校学生做好价值判断，了解他们的是非观念。例如，在具体的实践活动中，可能会出现突发状况，偏离教育者设计的体验目标。这时就需要教育者做好引导工作，并选择适当的实际例子给予解释说明，把握好体验的正确方向，促进体验活动良好效果的实现。在实际活动当中，德育工作者既是活动的发起者、组织者，也是活动的引导者和评价者，所以高校德育对德育工作者的职业素养有很高的要求，要求高校德育工作者正确组织和引导实践活动。

（二）建立健全高校咨询服务体系

健全高校咨询服务体系即以心理健康为基础，德育课教师与辅导员相互配合，通过关注高校学生个体心理素质、思想观念、价值取向、行为方式等方式向高校学生提供多方面帮助，促进其全面发展的高校服务体系。高校校园是一个小社会，它更开放、自由，人际关系也更加复杂，在校期间，学生会遇到各种各样的问题。如人际关系问题、学习问题、情感问题等，这些问题会直接影响高校德育工作的进行。因此，高校建立健全高校咨询服务体系既是当前高校德育工作面临的现实问题，也是实现高校学生个体全面发展的内在需要。

首先，德育课教师和辅导员应相互配合、主动关注学生思想和心理变化。德育课教师具有专业的知识，可以向学生个体提供更加专业的意见和建议，在学生有了负面情感体验时给予正确的思想引导。同时辅导员与自己的学生交流和互动的机会更多，更容易发现学生的问题。因此辅导员和德育课教师相互配合，主动关注学生的思想和心理变化，既可以及时发现学生的问题和困惑，又可以给予其专业的引导和解答。

其次，高校应建立学生心理健康咨询中心。把心理健康纳入高校德育的工作是因为个体具有情绪和情感，每个学生个体在生活中的情感体验会直接影响到其道德意志的形成和道德行为的改变，而情绪、情感等又属于心理学的范畴，所以需要把心理健康教育纳入高校德育工作。通过课上时间的引导和课外时间的渗透，形成课内外紧密结合的体系。对学生进行经常性的心理咨询与辅导，有针对性地开展与心理学相关的课程和讲座，解决高校学生的心理困惑，这样使学生的道德教育和心理健康教育向着共同的方向发展，以达到促进高校学生全面发展的目的。

第四节　高校德育个体发展价值实现的路径及保障

为了切实提升个体的综合素质,保障个体充分发展,夯实高校德育个体发展价值实现,需要在以下几个方面入手:

一、重视法治教育的现实价值

高校德育中对高校学生进行的法治教育有着丰富的内涵。法制是各种法律制度的总称,也是依照法律制度办事的原则、行为规则和有序的状态。个体是社会、集体的分子,社会、集体的发展以个体进步为前提。因此,满足个体需要,促进个体发展,是高校德育最基本的价值,而法治为个体发展的实现提供了重要保障。因此,科学的高校德育必须要有能力促进个体的充分发展,实现其个体发展价值,就需要重视法治教育。

(一)明确法治教育内涵

法治观是个体关于一定社会的法律制度和社会秩序的根本看法以及对一定社会的法律制度和社会秩序的认同意识,其具体包括对民主、法治和纪律的认识。社会主义法治教育就是对个体进行社会主义民主和法治教育,使人们正确认识社会主义民主、正确行使民主权利,自觉遵守国家法律和纪律,维护社会主义的法律秩序。完整的法治教育包括三个层次,一是社会主义民主教育,引导个体认识社会主义民主特点,它与资本主义民主的区别,以及民主和专政、民主和集中、民主和法治之间的关系;二是社会主义法治教育,其帮助个体形成正确的法律意识,引导学生"知法""守法""依法办事";三是遵守纪律的教育,帮助个体正确认识纪律的必要性和合理性,培养个体高度的组织纪律观念。

(二)重视法治教育价值

将法治教育看作高校德育个体发展价值实现的重要路径之一,是因为法治教育对于高校学生个体发展来说有着重要的推动作用,法治教育是个体社会化和个体顺利成长的重要保障，关于这方面的内容可以从以下三个方面来理解：

1.法治教育有利于提升个体讲政治的意识

首先，法治教育从社会主义法治的本质来讲政治。本质上来说，法律是国家制定或认可，并由国家强制力保证实施的行为规范体系，它通过规定权利和义务来规范人们的行为，从而确保和发展有利于统治阶级的社会关系和社会秩序。我国的社会主义法律是广大人民共同意志的体现，其集中体现为坚持四项基本原则和现代化建设。在对高校学生进行法治教育中，对四项基本原则和现代化建设给予相当高的关注，使高校学生了解这二者是宪法的重要内容之一，同时在社会主义法律本质的教育中，把它与社会主义现代化建设和社会主义初级阶段特点联系起来，使学生在学习社会主义法律的本质时能够有一个直观的认识，在社会现实和中国特色社会主义这个政治问题上，保持清晰冷静的头脑。

其次，从我国社会经济制度来讲政治。我国宪法明确规定了我国的经济制度和分配制度，通过法治教育可以使高校学生从法治角度来正确理解对我国经济制度，自觉投身国家经济建设。

最后，法治教育从我国依法治国的方略来讲政治。通过法治教育使高校学生明白依法治国是把坚持党的领导，发扬人民民主和严格依法办事统一起来，从制度和法律上保证党的基本路线和基本方针的贯彻实施，保证党始终总揽全局，把社会主义法治同西方资本主义法治进行区分，从而提高高校学生的政治鉴别力。

2.法治教育有利于提升个体道德水平

法治教育有利于提升个体道德水平是由法律和道德的内在联系决定的，这种内在联系主要指法治所内含的道德精神。统治阶级选择法律作为社会控制的重要工具，"绝不仅仅因为它的国家强制力，更具底蕴意味的是通过这种普遍有效的理性规则，来内在地表达、传递、推行着能被认同和接受的一定价值原则和要求，而法律内在价值则主要由伦理道德来提供的。"道德为法律提供的精神内涵体现在两个方面：一是法律本身所包含一定的道德理想；二是法律为实现道德理想发挥着重要的作用。相应地，法治教育对个体道德水平的提升作用可以从两个方面体现：一是通过法治教育，达到对个体进行基本道德教育的目的，这种基本道德教育就是现存社会的基本道德准则、观念和标准的教育。二是通过法治教育，引导个体在价值层面上把握社会主义道德理想，对个体进行正确的价值导向，使个体的道德信念向具有终极意义的道德理想方向提升。

3.法治教育有利于提升个体的思想素养

个体的思想素养包括个体的世界观、人生观、法治观等观念。在社会主义市场经济的环境里，人的思维得到多方面的开拓，高校学生也面临着丰富多彩的人生课题，但是价值观的多元化又冲击着高校学生的思想，使他们容易产生误区和困惑。这就需要对他们进行正确的人生观的引导和现代法治观念的熏陶，法治教育在这种思想教育中发挥着两方面的重要作用。法治教育对个体正确人生价值观的建立起着重要作用，人生价值观的实质是人的需要和利益的内化，人生价值观涉及的问题是正确对待个人与集体、创造与索取、人与物等关系问题，这三个关系集中反映了人的自我价值和社会价值的问题。我国社会主义的法律就是在调整社会主义关系的过程中保障人的价值实现，一方面，宪法和法律赋予公民广泛的自由和权利，为我国公民自我价值的实现提供法律保障；另一方面，法律保障和促进人的社会价值的实现，法律在保障公民的权利时规定公民必须履行的义务，公民在履行义务的过程中，其社会价值也就随之产生。所以，法治教育有助于学生认识到要想自己具有更高层次的价值意义，就要把社会价值作为自己追求的主要目标，力争为社会多作贡献，从而树立起正确的人生价值观。

二、高校德育个体发展价值实现的保障

高校德育对个体发展价值的追求是对高校学生个体素质发展的意义与价值的一种期待，它的实现不仅需要以培养路径的优化作为基础，更需要在实践中达到德育模式的完善。这种德育模式的完善必须以一种新的德育思维为指导，也就是"把发展人作为德育的根本目的，以德性统摄人的灵魂，促进人的整体、内在、持续的发展"。所以，完善的高校德育模式应该植根于个体的现实生活，了解个体存在的真实问题和困境，引导个体从当下的现实生活出发，不断促进自身的全面发展，逐渐走向未来的可能生活。

（一）健全运行机制

1.建立个体思想政治与道德素质归档机制

对于高校学生的德育应该注重与促进每个人的个性发展，但是目前通行的德育方式，对大部分学生的个性表现如身心的素质、审美意识、个人责任感、精神价值等在德育的过程中被忽视；另外对个体的德育缺乏不同阶段、不同领域的区别对待。因此，为了促

进每个个体的充分发展,高校应在新生入学的时候建立其个体思想政治道德档案。这种档案可以比较全面地了解高校学生的思想政治与道德素质,掌握高校学生的思想政治的特点、发展阶段和常见的思想问题。而且对于德育工作者来说,建立这种档案后,就可以对不同的学生进行不同方式和内容的教育,增强德育的效率和针对性,更好地促进每一位学生的个体发展。

个体思想政治档案应该包括以下几方面的内容:个体的基本情况;个体家庭情况介绍;个体以往所受的教育情况;个体及家庭以往在思想政治方面较为突出的方面;个体思想政治素质的综合评定;个体学校期间思想政治素质的发展状况等。

2.构建高校德育管理机制

高校德育不同于一般的学科教育,它需要长时间、连续的、多方位的配合和坚持,达到深入个体内心,促进个体认知模式的转变,促使自身思想政治与道德素质的提高。因此,高校应该以个体的思想政治与道德素质的提高为核心,构建三级管理网络。

一级管理网络。这一级由有专业德育工作人员组成的校级德育工作指导中心,负责指导各院系德育工作。

二级管理网络。这一级由经过系统培训并具备长期工作经验的各院系专业德育工作者组成院系部德育工作小组。

三级管理网络。这一级由工作能力好、责任心强、人际关系融洽的学生组成高校学生自助组织。

这三级管理网络的优点首先是充分利用高校的人力资源,动员教师和学生两方面的优秀人才参与德育工作,形成全方位、双向度的个体德育和管理体系。其中二级网络比较了解学生,以他们所具备的专业知识和工作经验可以处理学生中存在的一般德育问题,同时在工作中可以寻求三级网络的配合。这就使得一级网络可以摆脱具体事务,转而统筹规划和集中精力研究某些领域新的和更深层次的问题,提高整个德育工作的质量。第二个优点是充分发挥学生自身的力量。学生既是德育的对象,也是德育的主体,他们有着教师所无法比拟的优势。例如,相同的身份、相同的生活背景、相同的情感体验等,这使得他们更容易沟通和更易接受,更易发现学生中潜在的问题,也更易找到学生们愿意接受的德育方式。因此,学生可以成为德育工作中教育主体与教育客体联系的重要纽带。

3.建立突发事件预警机制

由于学生缺少社会经验,在面临重大事情的时候往往容易冲动,做出不理智的举动,触犯社会现有的规则、影响自身的发展。所以高校德育工作者在做好档案登记、构建管理网络的基础上设置预警机制。设置预警机制就是通过多种渠道把握学生思想动态、情绪状态和精神面貌,以及社会思潮、道德风尚等。全面了解个体的思想认识,了解有害的社会思潮以及这种思潮可能对主流价值体系的冲击,为德育部门及决策机构提前提供对策建议,防止学生出现错误行为。在预警机制的实施过程中要倡导学生的自我教育,注重家庭的基础作用,发挥学校的主导作用,强化社会舆论的补充作用。

(二)优化德育过程管理

德育过程是指教育者根据一定社会的思想政治道德要求和受教育者思想政治品德的形成和发展规律,对受教育者有目的、有计划、有组织地施加教育影响,并通过受教育者内心思想运动和积极建构的实践活动,以形成优良的思想政治品德的过程。德育过程对于整个德育价值的实现有着至关重要的影响,为了保障高校德育个体发展价值的充分实现,需要做到对德育过程的优化管理。

1.转变理念,唤醒德育主体性意识

重视受教育者的德育主体性意识可以有两个方面的积极结果:第一,由于个体主体性的确认,学生不再是单纯接受知识的容器,而是一个有着种种不同需要的理性与非理性统一的学习主体,德育再也不是简单的知识传递,而是对一个生命个体各个方面的关心,包括潜意识、本能和高层次的精神需要等在内的主体要素都在健全人格塑造的德育视野之中。第二,对学习主体情感意志需要等非智力因素的关注,特别是对个体需要的肯定,这有利于解决传统高校德育所没能解决的学习主体的动力机制问题,也有利于克服以往高校德育过于重视灌输和说教,忽视学生主体的需要。因此,在知、情、信、意、行等环节,尤其在道德情感和道德意志方面隔离的弊端。高校德育要做到个体发展价值的实现首先要求德育工作者在工作理念上的转变,而且在实践中唤醒德育主体性意识。

2.通过心理咨询,了解个体内在需要

心理咨询对当前高校德育有着不可忽视的积极作用,心理咨询对高校德育的贡献主要表现在通过对高校德育的功能补偿来凸显高校德育的个体发展价值。心理咨询对高校德育有三方面的补偿作用:一是观念补偿。心理咨询帮助德育工作者丰富德育观的内涵,明确德育工作者的地位不仅是主导者、权威者和塑造者,更应该是协助者和治疗者,是学生内在需要的接受者。德育过程不仅是以掌握道德知识、训练行为习惯为基础的过程,更是一个注重学生潜能开发和认识能力培养的过程。二是方法补偿。传统德育主要运用

说服、榜样、评价、锻炼等方法来提升学生的思想素质，这些方法虽然具有重要作用，但是在其具体运用过程中往往过分强调社会要求等外在影响。而心理咨询中教育者的地位由主导变为协助者、治疗者，运用心理学中的行为分析、认知分析等手段来挖掘学生心理中的潜在能量，注重引导学生运用自己的力量来解决自身思想问题，以促进学生心理健康发展。三是内容补偿。传统高校德育重视对学生在思想及社会道德规范和法律意识等高层次的价值取向的培养，忽视对学生一些最基本的思想内容，如学生的社会适应、职业选择、抗挫折能力和人际交往等能力的培养。而心理咨询恰恰可以成为完善人格、发展人格的重要手段，它所实施的内容为高校德育内容做了有益补充。所以，高校通过借用心理咨询这一手段，让学生成为咨询活动的主体，满足学生的内在需要、开发学生的心理潜能、增强学生社会适应能力和人际交往能力等；培养其良好的心理品质，保持心理健康，消除心理障碍；加深其自我认识，树立正确的世界观、人生观和价值观；建立健康的生活方式，促进良好道德品质的形成等，最终实现学生个体的全面发展。

（三）完善评估体系

教育是人自我实现的过程，在接受教育的过程中人成为自己生活的创造者。高校德育是否实现个体发展的价值，是否促进个体的自我实现，以及对个体产生怎样程度的影响等，这离不开科学的德育评估工作。所谓德育评估就是指通过科学反馈，对德育的过程和效果进行实事求是的分析，做出定性定量的评价。它主要对德育工作的效果进行评估。近几十年来，评估已经成为德育领域中极为活跃的一部分，在理论上和实践上都受到极大的重视。从实践上看，一个完整的德育过程是由德育目标、德育活动和德育评估构成的。所以，评估是德育必不可少的环节，是衡量德育价值实现程度的重要依据。

1.彰显受教育者的话语权

从目前高校开展的德育评估活动来看，德育评估主要是行政意义上的评估，虽然有外部专家参与，但也是具有行政色彩的课程评估活动。这种形式的评估活动虽然有助于学校行政部门从总体上来把握德育实施状况，但由于是单一的评估主体，更多地体现为自上而下的评估。因此，在德育评估活动过程中，特别是收集和分析资料过程中，出现信息的失真、评估活动走样等问题。出现这些问题的原因虽然是多方面的，但在评估过程中的行政主导、评价中介机构运作不畅，导致多方参与德育评估的格局没有形成是最主要的原因。实际上，德育评估不应是简单的鉴定，而应该是通过多元的分析、多主体的协商，在逐步达成共识基础上的改进。但是，目前的德育评估方式更多的是一种单向式的评估方式,缺少与学生的对话和沟通,受教育者的话语权得不到彰显。而评估的目的在于考察德育工作到底有没有实现个体发展价值。所以,高校德育评估工作中应该淡化行政色彩,走进学生,充分关注他们的感受和听取他们的意见。

2.确认教育者的评估地位

重视高校德育的评估,需要特别强调教育者在高校德育评估中的作用,即强调教师是高校德育评估中的地位和作用。在德育实施过程中,教师作为承上启下的中坚力量,应该成为评估的主体,但在德育效果评估中的教师长期是作为被动参与者或者是作为评估对象出现的,教师在德育评估中的权力和所能够发挥的作用是非常有限的。在当代高校德育评估活动中,应充分认识到教师自身蕴含着巨大的评估潜力,变过去教师单纯地作为德育政策和方案的执行者为德育的决策者和评估者;教师不仅在德育实施过程中进行自我评价,提高自身的德育开发和实施能力,而且在德育工作设计阶段,教师对德育方案、德育标准也应该有自己的评价。他们可以以实践者的角度对德育标准及德育目标进行批判性反思和评价。在德育结果评估阶段,教师对学生的表现及其自身能力的生成都会有一个整体的认知。因此,应充分认识到通过适当的培训,教师会有较强的评估能力,在此基础上,通过强调公平、自由、开放和理解的精神,以民主、公开的参与过程,促进教师作为评估者水平的真正提升。只有这样,才有助于考察高校德育的价值,德育评估也才会走入德育实施的全过程,成为德育过程的常态。

3.设置专业的外部评估机构

高校德育的外部评估对于全面了解高校德育系统的状况,检查其培养的人才的思想政治素质和培养质量,检验其功能目标是否实现等方面具有十分重要的意义。它可以从社会的角度来评价高校德育工作对促进个体的发展的作用,以及改进方向。因为,高校德育对个体的培养教育质量,个体是否实现了自身的全面发展,只有在社会实践中,在社会主义物质文明和精神文明的建设中才能检验。所以,社会对高校德育的评估,是最全面也是最重要的评估。但是,在现实中,社会对高校德育的评估往往处于零散的,而高校和社会之间在德育评估方面的沟通不畅,导致社会对高校德育培养人才的方式和走向社会的高校学生的思想道德素质方面的意见无法及时有效地传达给高校的德育机构,这使得高校德育工作者不能根据社会反馈,改进自身工作以服务于社会发展。为了解决这种矛盾,有针对性地建立专业的外部评估机构是一种可操作的办法。这是由于专业的德育外部评估机构作为专门为教育行政主体或学校提供社会化服务的组织,是介于教育行政机关与学校之间、学校与学校之间、学校与社会其他组织或个人之间的组织,它是以从事咨询、指导、评价等信息服务为主的经营性组织。教育信息的获得，单纯地依靠学校自身的力量和社会零散的回应是无法实现的，可以依托市场化的专业教育机构来完成。按照市场机制运作的专业评估机构，可以广泛收集掌握准确、全面的高校德育内部系统和社会之间相互关联的资料和信息，采用多种科学的方式，综合分析处理所得的反馈信息，去粗取精，去伪存真，得出初步的评估结果，进而分析评估结果，进行高效、专业地分析论证，在检验后将最终的评估结果提交给高校德育机构。这种方式一方面节省高校德育工作的时间成本，另一方面扩大了德育评估工作的信息来源，以更全面客观的眼光来审视高校德育工作对个体发展价值的实现程度。

第五章　高校学生心理健康与心理健康教育

第一节　心理健康概述

一、健康的概念

传统观念认为，健康是指人体生理机能正常，没有缺陷和疾病。世界卫生组织于1946年曾把健康定义为："健康乃是一种在身体上、心理上和社会上的完满状态，而不仅是没有疾病和虚弱的状态。"1989年，世界卫生组织对健康提出了新定义，即"健康不仅是没有疾病，而且包括躯体健康、心理健康、社会适应良好和道德健康"。也就是说，健康不仅是没有疾病，还要有完满的精神状态。

同时，世界卫生组织提出了十条健康标准。

1.有充沛精力，能从容不迫地担负日常繁重的工作。

2.处世乐观，态度积极，乐于承担责任，事无巨细不挑剔。

3.善于休息，睡眠良好。

4.应变能力强，能适应环境的各种变化。

5.能抵抗一般的感冒和传染病。

6.体重适中，身体匀称，站立时头、肩、臂位置协调。

7.眼睛明亮，反应敏捷，眼和眼睑不发炎。

8.牙齿清洁、无龋齿，不疼痛，牙龈颜色正常，无出血现象。

9.头发有光泽，无头皮屑。

10.肌肉丰满，皮肤有弹性。

二、心理健康的概念与标准

(一) 心理健康概念

国内外专家学者从多个角度对心理健康的概念进行了深入的研究。1946 年召开的第三届国际心理卫生大会将心理健康定义为:"在身体、智能及情感上与他人的心理健康不相矛盾的范围内,将个人心境发展成最佳的状态。"世界心理卫生联合会则将心理健康定义为:"身体、智力、情绪十分调和,适应环境,人际关系中彼此能谦让,有幸福感,在工作和职业中,能充分发挥自己的能力,过着有效率的生活。"人本主义心理学家马斯洛将心理健康概括为十个方面:"有充分的自我安全感;能充分了解自己,并能恰当估价自己的能力;生活理想切合实际,不脱离周围现实环境;能保持人格的完整与和谐;善于从经验中学习;能保持良好的人际关系;能适度地宣泄情绪和控制情绪;在符合团体要求的前提下,能有限度地发挥个性;在不违背社会规范的前提下,能使个人适当地满足个人的基本需求。"我国学者王效道等认为心理健康具有如下特征:"智力水平处在正常值范围内,并能正确反映事物;心理与行为特点与生理年龄基本相符;情绪稳定;积极与情境适应,心理与行为协调一致;社会适应,主要是人际关系的心理适应协调;行为反应适度,不过敏、不迟钝,与刺激情境相应;不背离社会行为规范,在一定程度上能实现个人动机并使合理要求获得满足;自我意识与自我实际基本相符,'理想我'和'现实我'之间的差距不大。"

综上所述,可将心理健康的概念分为广义与狭义两种:广义的心理健康是指一种高效而满意的、持续的心理状态。在这种状态下,人能做出良好的反应,具有生命的活力,而且能发挥其心身潜能。狭义的心理健康是指人的心理活动和社会适应良好的一种状态,是人的基本心理活动协调一致的过程,即认识、情感、意志、行为和人格完整协调。

(二) 心理健康标准

国外学者们对心理健康的标准进行深入的研究。如英格里士认为:"心理健康是指一种持续的心理情况,当事者在那种情况下能作良好适应,具有生命的活力,而能充分发展其身心的潜能;这乃是一种积极的丰富情况。不仅是免于心理疾病而已。"麦灵格尔认为:"心理健康是指人们对于环境及相互间具有最高效率及快乐的适应情况。不仅是要有效率,也不仅是要能有满足之感,或是能愉快地接受生活的规范,而是需要三者具备。心理健康的人应能保持平静的情绪，敏锐的智能，适于社会环境的行为和愉快的气质。"

  心理学家马斯洛认为心理健康的人要具备下列品质：1.对现实具有有效率的知觉；2.具有自发而不流俗的思想；3.既能悦纳本身，也能悦纳他人；4.在环境中能保持独立，欣赏宁静。5.注意哲学与道德的理论；6.对于平常事物，甚至每天的例行工作，能经常保持兴趣；7.能与少数人建立深厚的感情，具有助人为乐的精神；8.具有民主态度，创造性的观念和幽默感；9.能经受欢乐与受伤的体验。

  世界卫生组织提出了10条心理健康标准：

  1.有足够的自我安全感。2.能充分了解自己，并能对自己的能力做出适度的评价。3.生活理想、切合实际。4.不脱离周围现实环境。5.能保持人格的完整与和谐。6.善于从经验中学习。7.能保持良好的人际关系。8.能适度发泄情绪和控制情绪。9.在符合集体要求的前提下，能有限地发挥个性。10.在不违背社会规范的前提下能恰当地满足个人的需求。

  我国医学界对心理健康标准也提出了自己的观点。如中华医学会提出大众心理健康十大标准：1.有适度的安全感，有自信心，对自我成就有价值感。2.适度地自我批评，不过分夸耀自己，也不过分苛责自己。3.日常生活有适度的主动性，不为环境所左右。4.理智、现实、客观，与现实有良好的接触，能容忍生活中的挫折与打击，无过度的幻想。5.有自知之明，了解自己的动机与目的，对自己的能力能做客观的评定。6.能保持人格的完整与和谐，个人的价值观能适应社会的标准，对自己的工作能集中注意力。7.有切合实际的生活目标。8.有从经验中学习的能力，能适应环境的需要改变自己。9.有良好的人际关系，有爱人和被爱的能力。10.在不违背社会标准的前提下，能保持自己的个性，既不阿谀，也不过分寻求社会赞许，有个人的独立见解，有判断是非的标准。

第二节 高校学生心理发展的特点与心理健康标准

一、高校学生心理发展特点

高校学生正处于从青少年向成人转化的重要时期。在这一阶段中，其生理和心理上均会发生显著的变化，这些变化既有与一般青年的相似性，又有作为高校学生这一特殊群体的独特性。开展高校学生心理健康教育，必须充分认识高校学生的心理发展特点。高校学生心理发展的主要特点概括为四个方面：即认知功能成熟，思维表现出更多的逻辑和理性特点；自我意识开始成熟，意志力增强；情绪丰富多彩，交往需求强烈；人格趋向成熟和完善，职业自我意识逐步确立。

当代高校学生心理发展呈现五方面特点：

（一）认知上的基本特征

随着高校学生身心发展日趋成熟，社会交往日益丰富，学习内容和要求日渐复杂，高校学生认知的发展出现了新的特征。其主要表现为由经验型思维向逻辑型思维过渡，且思维具有创造性、独立性和批判性。高校学生积累了较多的知识和社会经验，能运用思维技能，发表独特见解，用一些新的方法解决问题。他们能独立思考，对周围的一切喜欢怀疑与争论，不盲从别人的看法，敢于发表自己的独立见解。

（二）情绪发展的基本特征

需要是情绪与情感产生的基础，高校学生的心理需要复杂多样，既有生理的需要，又有交往需要和成就需要，渴望理解和尊重，寻求友谊和爱情。他们还有自我实现和求真、求善、求美的高层次需要，复杂强烈的需要导致高校学生的情绪与情感体验丰富而深刻。他们的自我情感体验方面十分丰富，注重独立、个性、自尊和自信。但是，由于高校学生生理、心理的不平衡，使得他们的情绪和情感具有不稳定因素，常在两极之间动荡、起伏。

（三）自我意识的特征

高校学生由于脱离父母的呵护，开始了独立生活，因而成人感、独立感增强，自我意识进一步发展。他们更多地把目光从外部世界转向自己的内心世界，注重对内心的分析与体验。他们十分注重塑造自身形象，并设计出理想中的自我模式。然而，现实自我与理想自我却又有很大差别。如果不能正确认识自己，过高估计自己，一旦遭遇挫折，又容易产生自卑感。

（四）人际交往的特点

高校学生刚进入大学时，有着强烈的被他人接纳的心理需求。他们十分关心自己在他人心目中的地位。然而，高校学生由于还不够成熟，自尊心又强，不愿向他人表达自己的想法。此外，由于自我意识变化和心理上需要的增多，他们越来越感到自己的心理特点与别人存在着差异。还有部分学生由于不善交际或交际失败，不愿与他人进行交往，习惯自我独处，于是形成孤傲、自闭、偏执等症状，这也会影响高校学生的心理健康。

（五）恋爱与性心理特点

随着高校学生生理、性心理的发展，爱情需要与性意识也快速发展起来。然而，高校学生尽管在性生理上已趋成熟，但他们的性心理还未脱离幼稚、盲目、冲动的阶段，对性的态度变得更为敏感、富于幻想、易于激动，性心理不够稳定。由于年龄、生活和经验等因素，这容易对他们造成身心伤害。

二、高校学生心理健康的标准

目前，学界对高校学生心理健康的标准问题还没有一致的意见。下文结合高校学生的角色特点，从心理构成的知、情、意等方面，概括出高校学生心理健康的标准：

第一，智力正常，能保持对学习的浓厚兴趣和强烈的求知欲望。智力正常是人一切活动的最基本的心理条件。学习是高校学生的主要任务，心理健康的高校学生珍惜学习机会，求知欲望强烈，能克服学习中的困难，学习成绩稳定，能保持一定的学习效率，从学习中体验满足和快乐。

第二，情绪稳定，心境良好。情绪在心理中起着核心的作用。心理健康的高校学生能经常保持愉快、开朗、自信、满足的情绪，善于从生活中寻求乐趣，对生活充满希望。更重要的是情绪稳定性好，具有调节控制自己情绪以保持与周围环境动态平衡的能力。

第三，意志坚强，热爱生活，乐于工作。健康的意志品质往往具有以下特点：目的明确合理，自觉性高；善于分析情况，意志果断、坚韧、有毅力，心理承受能力强；自制力强，既有实现目标的坚定性，又能克服影响目标实现的干扰，不放纵任性。心理健康的高校学生的意志活动指向现实的工作和生活，珍惜和热爱生活，积极投身于生活，能享受生活而不认为生活是重负，能从工作中获得满足和激励，并能从工作中积累知识经验，以使自己的工作更有成效。

第四，人格完整，悦纳自我。人格完整指人格构成要素平衡发展，所思、所言、所行协调一致。高校学生人格完整具体表现为既有积极进取的人生观，又能与社会的发展步调合拍，也能与集体融为一体。心理健康的高校学生能体验到自己存在的价值；对自己的能力、情感、身体、处境等往往有比较客观的评价；自信乐观，生活目标与理想切合实际，不苛求自己，能扬长避短。

第五，人际关系和谐，适应力强。良好的人际交往是维护心理健康的重要条件。心理健康的高校学生往往能主动地与老师、同学交往，保持相对稳定的人际关系。在与他人相处时，积极的态度（如同情、友善、信任、尊敬、理解）总是多于消极的态度（如猜疑、嫉妒、畏惧、敌视），较强的适应能力是心理健康的重要特征。心理健康的高校学生能与社会保持良好的接触，一旦发现自己的需要和愿望与社会需要相矛盾时，能面对现实，迅速自我调节。

第六，心理与行为符合高校学生的年龄特征。心理健康的高校学生具有与大多数同龄人一样的心理与行为特征。如果一个高校学生的心理与行为经常偏离自己的年龄特征，意味着心理存在异常。心理健康的高校学生应该精力充沛、勤学好问、反应敏捷、喜欢探索，而过于老成、过于幼稚、过于依赖都是心理异常的表现。

第三节　加强高校学生心理健康教育的意义与策略

一、加强高校学生心理健康教育的意义

高校学生正处在心理发展的趋于成熟阶段，保持心理健康，了解心理健康知识，对促进高校学生学习和掌握心理知识，注意预防心理障碍和心理疾病，积极培养良好性格和心理调适能力都具有重要的意义。

1.可以帮助学生树立心理健康意识

随着社会经济的发展和生活水平的提高，人们对健康的意识，早已从单一生物模式向生理、心理、社会医学模式发展。但当前相当一部分高校学生还停留在不生病就是健康的概念上，忽视了心理健康。对高校学生进行心理健康教育的首要任务是使他们强烈意识到健康不仅是躯体上无病，体格健壮，更应有良好的心理素质。只有形成健康的心理，才能养成良好的生活方式，形成适应环境、社会变化的能力，保持健康的行为。

2.可以培养学生良好的心理素质

心理教育对减轻高校学生的心理重负，塑造健康人格至关重要。因此，以往那种忽视高校学生心理健康教育的倾向必须改变。在学校教育中，应当把高校学生心理健康教育纳入学校的课程体系，把高校学生心理健康教育作为重要的内容，这样才能把高校学生培养成身心健康的人。事实证明，一个心理素质不健全的人，不可能对外界的刺激做出良性的反应，也将经受不住外界的压力。相反，有着健康心理素质的人，在复杂多变的社会环境中，就能及时调整自己心理定式和情绪状态，在种种压力面前，能够应变自如、处之泰然，始终处于主动的地位，使自己适应形势和环境的变化。高校学生心理健康教育是强化学生智力活动、促进智力发展、提高学习效率和适应能力的保障。实践表明，心理健康的人经常处于轻松、愉快、乐观的心态下，这种心态可以使人记忆力增强，观察力提高，并能充分发挥个人潜能进行高效率的学习，实现智力的充分发展。此外，在人际交往中，心理健康的人能够适应多变的环境，融洽人际关系，保持心理平衡，从而创造出更大、更多的智力成果。

3.可以使学生形成良好的心理品质

心理健康的人,其人格结构包括气质、能力、性格、理想、信念、动机、兴趣、人生观等方面能平衡发展。人格作为人的整体的精神面貌能够完整、协调、和谐地表现出来,思考问题的方式是适中和合理的,待人接物能采取恰当灵活的态度,对外界刺激不会有偏颇的情绪和行为反应,能够与社会的步调合拍,也能和集体融为一体。

4.可以帮助学生提高自我认识能力。

高校教育工作者要帮助高校学生及时调整期望值,确立适合自己的发展目标。若离开自己所处的环境,不能正确估量自己的能力,不能明了自己的长处和短处,盲目制订自己不切实际的发展目标,去追求所谓的自我实现,尽管目标宏伟,愿望美好,其结果往往会导致信心丧失、目标落空。高校教育工作者要帮助高校学生从实际出发,确立远大而又适合自己的发展目标,鼓励他们去为之付出艰苦的努力,使他们在竞争中保持良好的心理状态,在追求中得到满足和喜悦,在奋斗中去实现自身的价值。

5.可以增加学生的责任感

在我国,目前还有一部分青年不能接受高等教育,高校学生在社会上的形象是青少年模仿的榜样。高校学生的心理健康状态,对心理健康所持的态度,以及他们的生活方式和行为习惯都会对校外人群产生影响。因此,高校学生的心理健康不仅对个人,还会对社会发展产生影响,维护心理健康不仅是对自己负责,也是对社会负有的责任。心理健康教育有助于学生优良品德的形成,促进社会主义精神文明建设。心理健康教育的一个基本目标是帮助学生形成健全的人格。多种优良的人格和性格因素,如热爱集体、公正无私、正义感、同情心等都是与学生的思想品德紧密相关的,没有健康的人格就不可能有高尚的品德。高校学生心理健康教育必须注重培养学生的思想品德,帮助其树立正确的人生观、价值观、心理观,完善其人格结构,提高其心理健康水平。

二、加强高校学生心理健康教育的策略

(一)坚持心理健康教育的科学性和针对性

心理健康教育要坚持科学性的原则,尊重学生的客观心理事实,以实事求是、认真、坦诚的态度投入到心理健康教育中,切忌片面性和主观性。特别重要的是要尊重和理解学生。教师要把学生作为一个人、一个与自己平等的人来看待,完全地尊重他们。只有

这样，才能与学生建立起良好的信任关系，才能打开师生情感交流的渠道。

（二）坚持发展的观点

青年高校学生心理是发展心理学中最复杂的阶段。在这段时间里，他们的生理、心理都在迅速发展，所以必须以发展的原则分析影响高校学生心理发展的诸因素，研究高校学生心理发展的趋势和阶段。要选取那些质的指标和量的指标来确定发展的阶段性，并密切注意在高校学生心理发展的过程中哪些是新的积极的心理特点，哪些是需要预防的消极的心理特点。高校心理健康教育是针对全体高校学生实施的一种素质教育，是一项系统工程，应切实把其纳入学校教育的总系统中，充分发挥学校教育的整体效益。高校教师应更新教育观念，改变把心理健康教育简单视为只针对个别学生的咨询活动，是个别专家、学者的工作的观念。同时，要优化高校心理健康教育的环境，建立多种方式和多种层次的育人体制。

（三）以学生为主体充分调动学生的积极性

在个体心理发展过程中，要处理好环境与发展的关系，即内因与外因的相互关系。在高校心理健康教育中，教师应把学生作为主体，尊重他们的客观现实，强调学生的主动性，给学生以充分的理解和信任，尊重他们的人格，让他们能够增强自我教育的能力。应该让学生积极地面对心理健康教育，不断正确认识自我，增强调控能力，承受挫折、适应环境的能力；让有些心理有障碍的学生，通过学习，主动地配合心理咨询和心理辅导，尽快摆脱障碍，自我调节，提高心理健康水平，增强发展自我的能力。

（四）运用灵活性手段增进高校学生心理健康

根据不同学生的不同需要开展多种形式的教育和辅导，提高他们的心理健康水平。教育工作者应在不违背心理健康教育的基本原则的情况下，因人因时因地而异，灵活地应用各种教育理论和方法，采取灵活的步骤，以求得最佳效果。具体而言，对待不同的问题应选择不同的方法，不同的阶段实施不同的方法，不同的对象采用不同的方法。这一原则的主要功能是解决少数学生的心理障碍问题。个别化心理教育具有专业性与针对性强的特点。实施的主要途径为心理咨询室、心理信箱与心理热线。个别化心理教育既是高校心理健康教育的难点，也是高校心理健康教育中不可或缺的内容。个别化心理教育质量的改善，既可提高心理咨询在学生中的声望和影响，也可发现潜在的严重心理障碍者，并及时采取适当的教育对策。高校学生是一个知识高度密集的群体，心理特征相对统一。因此，高校心理健康教育可实行"课堂教育与课外教育相结合的方法"。课堂教育是高校心理健康教育的重要形式，课时有保证，有较强的制约性。但由于高校教学时间有限，大量的心理健康教育尚需在课外进行。尤其当前高校并未普遍开设心理健康教育课，高校学生中的心理健康教育，更需在课外进行。课外教育可采用多种形式开展，如开设系列讲座，普及心理健康知识；开展心理健康咨询，通过教育者和受教育者直接接触，使心理健康教育更具针对性；充分利用学生会、社团组织，与学生建立密切联系，对学生进行心理健康指导。

第四节　高校学生心理危机及心理干预

一、心理危机的分类与反应

"心理危机"这一术语由美国心理学家卡普兰首次提出。心理危机是指当个体面临突然发生的重大事件时出现的心理失衡、无助的状态。个人都在努力保持一种内心的稳定状态，使自身与环境稳定协调，当重大问题和剧烈变化使个体感到问题难以解决，平衡就会打破，正常的生活受到干扰，内心的紧张不断积累，继而出现无所适从，甚至思维和行为紊乱，导致出现失衡状态，这就是产生心理危机时的状态。

（一）心理危机的分类

1.发展性危机

发展性危机指生命周期中不同发展阶段所遭遇到的重大问题而导致的剧烈变化和个人心理失衡，如青春期的心理危机。其他如升学、转学、离开父母亲人等，都有可能引发发展性危机。

2.意外性危机

意外性危机指突如其来的、无法预料的状况，如受遭受惊吓、自然灾害、重大疾病等。危机发生后，如果得不到及时有效的帮助和支持，如通过调动其自身的潜能重新建立和恢复其危机前的心理水平，则可导致其精神崩溃、甚至攻击他人的不良后果。

3.存在性危机

存在性危机指一些对人生特别重要的根本问题，如人生目的、意义、价值、责任等导致的个人内心的冲突和焦虑。如高校学生由于人生目标、人生责任和未来发展出现内心冲突而造成心理危机。存在性危机往往不具有突发性。

（二）心理危机的生理反应

生理方面：肠胃不适、腹泻、食欲下降、头痛、疲乏、失眠、做噩梦、易惊吓、感觉呼吸困难和窒息，有哽塞感、肌肉紧张等。

认知方面：注意力不集中、无法做决定、记忆力下降、效能降低、不能把思想从危机事件上转移等。

情绪方面：害怕、焦虑、恐惧、怀疑、忧郁、悲伤、紧张、不安等。

行为方面：社交退缩、逃避与疏离、不敢出门、常自责或怪罪他人、回避他人、不信任他人等。

二、高校学生心理危机的发展过程和特点

（一）高校学生心理危机的发展过程

一般来说，高校学生心理危机的发生会经历以下几个时期：

第一，冲击期。在危机事件发生后不久，感到震惊、恐慌、不知所措。

第二，防御期。表现为想恢复心理上的平衡，控制焦虑和情绪紊乱，恢复受到伤害的认知功能，但不知如何做。此时会出现否认、合理化等心理防御反应。

第三，解决期。积极采取各种方法接受现实，寻求各种资源想方设法解决问题，从而减轻焦虑，增强自信，恢复社会功能。

第四，成长期。经历了危机后变得更成熟，获得应对危机的技巧。

（二）高校学生心理危机的特点

为了能够更好地了解和干预高校学生心理危机，就要更进一步了解高校学生心理危

机的特点，使心理教育更加具有针对性、更有效率。

1.普遍性

高校学生心理危机普遍存在于高校学生生活学习中，从某种意义上来讲，这是每个高校学生成长过程中都会遇到的事情，对于正在成长中的高校学生来说是一个必须经历的过程，这是正常心理活动，不是疾病，需要在学习生活中主动或者被动地去平衡，以达到解决心理危机的目的。通过高校相关部门正确、科学地引导，学生更加有效地处理事务。

2.复杂性

造成心理危机的原因是复杂多样的，有生理的、心理的，还有社会性的。心理危机的来源有些是外部的，如环境的要求与压力；有些是内部的，如个体生理和心理的变化与要求；有些是突发灾难性的，如交通事故；有些是由于长期工作学习压力大，多方原因的综合体。有些学生对心理危机处理有自己的方法，有些人则很难应付突如其来的危机，心理防线极其脆弱，一攻即破。

3.动力性

动力性是指心理危机中焦虑的过程和冲突是永远存在的,这为情绪紧张提供了动力的变化，这既是心理危机产生的根源，也可以打破现有的刻板印象或个人习惯，唤起新的反应，以寻求新的方法来解决问题，从而提高了学生挫折耐受性，提高了环境适应能力。当学生遇到危机并且能够成功克服，这样一次次经历就提高了自身对心理危机的免疫能力。

4.时代性

时代性是指现在高校学生和以前的高校学生所处的环境不同，危机和压力也不同，这样就赋予了高校学生心理危机的时代性．社会复杂多变，高校学生的心理危机与社会发展有着高度的相关性。当前出现的学业压力、就业困难等给高校学生带来了不小压力，一旦某些高校学生应对不好，就会出现心理危机。

三、高校学生心理危机的干预

危机干预，又称危机介入、危机管理或危机调解。危机干预是指干预者采取紧急应对的方法帮助当事人从心理上解除危机，使其症状得到缓解或消失，心理恢复平衡的过程。

（一）心理危机的干预模式

在危机干预理论的指导下实施针对性干预有三种基本模式：平衡模式、认知模式和心理转变模式。

1.平衡模式

危机中的人通常处于一种心理或情绪失衡的状态，在这种状态下，原有的应对机制和解决问题的方法不能满足他们的需要。平衡模式的目的在于帮助人们重新获得危机前的平衡状态。平衡模式最适合早期干预，这一阶段处于心理危机的人们失去了对自己的控制，不能辨别解决问题的方向且不能做出合适选择。

2.认知模式

危机根植于对事件和围绕事件的境遇的错误思维，而不是事件本身或与事件境遇有关的事实。该模式的基本原则是通过改变思维方式，尤其是通过认识其认知中的非理性和自我否定部分。通过获得理性和强化思维中的理性成分，人们能够获得对自己生活危机的控制。认知模式最适合危机稳定下来并回到接近危机平衡状态的求助者。

3.心理转变模式

心理学界有种观点认为，人是遗传天赋和从特殊的社会环境中学习的产物。人们总是在不断地变化、发展和成长，他们的社会环境和社会影响也总是在不断地变化，危机与内部和外部困难有关。危机干预的目的在于与求助者合作，以测定与危机有关的内部和外部困难，帮助他们选择替代现有的行为、态度和使用环境资源的方法，结合适当的内部应对方式、社会支持和环境资源帮助他们获得对自己生活的自主控制。这种模式适合已经稳定下来的求助者。

（二）三级干预模式

1.积极预防

首先强调教育和宣传的预防作用，开展多种形式的宣传和教育，以把危机事件的影响降低到最低程度。预防危机不仅会提高高校学生的心理健康水平和应对困难的能力，而且也会提升他们帮助别人的意识，增强解决危机的资源和增强解决危机的力量，提高高校学生发现问题和解决问题的能力。

2.及时干预

首先，检查和评估当事人的危机程度，评估当事人的行为、情感和认知方面情况，以确保当事人和其他人的安全。其次，探索和确定问题，真诚和尊重的态度会让当事人感受到支持和帮助，促使其失衡的心理状态恢复平衡。最后，帮助当事人选择解决问题的方法，帮助当事人从不同角度和途径思考解决问题的方式，选择改变自己应对压力的行为方式和思维模式，使当事人能够在危机中成长。

3.心理治疗

为了保证高校学生的健康成长，以建立有效的危机干预体系；需要将预防、干预以及必要的治疗辅导相结合，做到危机前的积极预防，危机中的及时干预和必要的治疗，形成管理、医学和心理相统一的模式；还要善于利用校外资源，以更好地帮助危机中的高校学生，帮助他们健康成长。

第五节 高校学生常见心理健康问题及对策

一、高校生活的适应问题

进入大学后，高校学生的生活环境、学习方式、人际关系、个人角色，面临的挑战等都发生了重大变化。这就要求高校学生能够在较短的时期内对新的变化进行适应，还会带来其他心理问题，影响整个在校期间的学习与生活。

（一）新生适应高校生活的过程

有学者指出，大学新生要经历分离、过渡、融合三个阶段的洗礼，才能真正适应高校生活。分离是适应高校生活的起点。学生从离开家庭走进大学校园的那一天起，就意味着与家庭和昔日朋友的分离。分离意味着个体要重新定义与家人和昔日朋友之间的关系。过渡指新生适应新的、自然的、社会的和精神的环境；融合指新生在新环境中形成了适当的学习和生活方式，建立新的社会网络。在这三个阶段中，最为重要的是过渡阶段。因为分离事实上是由入学造成的，而融合是适应的最终目的和结果，新生过渡期延续的时间长短和他们在过渡期的状况直接影响这一结果。因此，对于新生适应的大多数研究都集中在过渡阶段。

有研究者指出，新生适应的内容包括三方面：适应客观环境的改变、人际关系的改变，以及对自己认识的改变。为适应客观环境的改变，新生就要主动调节自己的生活方式、行为习惯、学习方式，学会独立地生活，从学习、交友到衣食住行都要学会独立处理。建立新的人际关系，这是对大学新生的又一项考验。这既是环境的客观要求，也是个体逐渐走向成熟和向成人转化的必要条件。高校新生需要重新思考人际关系的内涵，学习与不同性格的个体相处，掌握建立和维护人际关系、化解人际冲突的技巧。大学新生的社会比较系统发生了很大变化，在新的人际环境中，面临着重新认识自我和树立自我形象的重要问题。新的自我的确立应建立在对自己的客观认识与评价的基础之上，这一过程可能是缓慢的，很可能贯穿整个高校学习和生活，入学适应只是一个开端。

（二）影响新生入学适应的因素

影响新生入学适应的因素有很多，大体可分为个体因素和环境因素两个因素。

1.个体因素

个体因素包括期待、应付策略、同一性形成等。大学新生在入学之前总会对未来的高校生活有一定的期待，这种期待会影响他们入学时的适应。许多新生入学之后，理想期待和现实生活有很大偏差，这成为新生难以适应新生活的一个重要因素。一般来说，理想期待与现实状况的差距越大，个体的失落感也就越大。应对是个体在经受压力过程中帮助个体维持心理平衡的重要因素，是个体为减少忧郁或压力的认知或行为反应。个体在成长过程中逐渐形成一些习惯性的应对方式，用来应对未来面临的压力情景。每个高校学生都以自己习惯性的方式应对环境的变化与压力，应对能力的高低直接影响到入学适应过渡期的长短。

2.环境因素

环境因素包括家庭、社会支持系统、居住地环境等。有学者研究了新生与父母的关系对入学适应的影响，研究发现平等民主的亲子关系对孩子的入学适应有更积极的影响。这种平等民主的亲子关系表现在：父母与孩子之间是平等的主体；相互尊重各自的观点；经常进行开诚布公的交流。很多研究都表明，社会支持尤其来自家庭的支持，在帮助新生尽快适应高校生活方面起着非常重要的作用。来自长者或知心朋友的激励和建议可能会使他们拨云见日，更加积极地改变自我以适应环境。此外，高校学生以往居住地与大学所在地语言、文化、习俗、价值观等方面的差异，也是影响新生适应的因素之一。

（三）帮助新生尽快适应高校生活的措施

高校应采取以下几点措施帮助新生尽快适应高校生活：1.尽快帮助新生了解、熟悉学校环境；2.帮助学生养成合理的生活规律，促进学生学习、体育锻炼、兴趣和爱好兼顾；3.以各种形式帮助学生了解和熟悉自己的专业；4.引导学生规划自己高校生活和未来的发展；5.组织新生、高年级学生和教师共同参与某一主题活动，帮助新生建立新的社会网络；6.设计并组织针对新生的团体辅导计划，让新生能从中获得充分的安全感和情感支持；7.告知新生可以获得有效帮助的各种渠道。

二、人际交往问题

人际交往是指人们运用语言或非语言符号交换意见、交流思想、表达情感和需要的过程，是人们社会生活的重要内容之一。人际交往以及在交往过程中建立起来的人际关系，不仅影响高校学生在校期间的学习、生活，而且直接影响他们的心理健康。

（一）主要原因

造成高校学生出现人际交往问题的原因主要有以下几点：

1.认知原因

这里的认知原因包括对自己的认知、对他人的认知，以及对人际交往本身的认知三个方面。高校学生认知方面存在的问题包括过高评价自己，过低评价他人；或者过低评价自己，过高评价他人。对人际交往本身的认知也同样影响交往行为，如对人际交往的交互性原则认知不足就会导致交往中对某一方利害的过度关注。从社会心理学的角度看，影响高校学生人际交往的常见社会认知偏见包括首因效应、晕轮效应、刻板印象等。

2.情感原因

在人际交往之中，个体的情绪反应应该是适度的，与引起情绪的原因及情景相吻合，并根据客观情况的变化而变化。情绪反应过于强烈或过分冷漠都会让人感到难以接受。高校学生情感丰富、心境易变，有时对人、对事过于敏感，容易凭一时好恶改变对一个人的看法，使人际交往缺乏稳定性，产生各种障碍。此外，羞怯、嫉妒、自卑等心理都是导致人际交往障碍的不良情绪因素。

3.人格原因

人格是个体经常地、稳定地表现出来的心理特点，包括气质、性格和能力等。人格的差异带来交往中的误解、矛盾和冲突，人格的不健全可直接导致人际冲突。

4.能力原因

人际交往是一种技能。人际交往中个体需要了解人际交往的原则，掌握人际交往的技巧与方法，学会有效地表达与沟通等。

（二）高校学生人际交往克服的对策

1.培养自信，克服自卑和羞怯

自信是成功的基石，在人际交往中自信不可或缺。一个充满自信的人才能在交往中游刃有余，人际交往才能成功且有效。要克服自卑和羞怯，就要学会坦然自若地面对交往，不怕失败，不怕被人讥笑。高校学生要重视第一次成功的社交经验，以此增强对自己的社交能力的信心，从而逐步走上人际交往的良好循环。

2.认识自我，健全人格

正确认识自我，形成健全人格需要做到以下几点：

（1）真诚。"人之相知，贵在知心"。真诚的心能使交往双方心心相印，彼此肝胆相照，荣辱与共。真诚的人能使交往者的友谊地久天长。

（2）信任。在人际交往中，信任就是要相信他人的真诚，从积极的角度去理解他人的动机和言行，而不是胡乱猜疑，相互设防。信任他人必须真心实意，而不是口是心非。

（3）理解。人际交往中相互理解非常重要，彼此能够理解对方的意图、情感、观点、立场，交往才能不断持续下去，人际关系才能变得融洽而深入。

（4）热情。在人际交往中，热情能给人以温暖，能促进人的相互理解，能融化冷漠的心灵。因此，待人热情是沟通人的情感，促进人际交往的重要心理品质。

（5）克制。与人相处，难免发生冲突，克制往往会起到"化干戈为玉帛"的效果。克制是以团结为金，以大局为重，但不是无条件的，应有理、有利、有节。如果只是忍气吞声地任凭他人的无端攻击、指责，则是怯懦的表现，不是正确的交往态度。

3.勇于实践，提高人际交往技能

为了能和形形色色的人相识、交往和相处，学习掌握一些交往的技巧和方法是必要的。这些方法和技巧包括：如何待人接物，如何引出话题，如何使谈话继续和中止，如何阐述自己的见解，如何提出批评，如何化解冲突，如何换位思考等。这些技巧可以通过书本、课堂、培训等途径学习，但主要还要在人际交往实践中学习。只有积极参加人际交往实践，才能真正掌握交往技巧，人际交往能力才能不断提高。

三、就业心理问题

（一）高校学生就业心理表现

我国高校毕业生数量逐年增加，加之当前我国就业机制体制尚不完善，导致高校毕业生面临严峻的就业形势。我国政府明确提出把高校毕业生就业工作摆在当前就业工作首位，并出台了一系列积极的就业政策等来缓解当前的严峻的就业形势。尽管如此，各个高校的大学生的就业率仍然不高，也就是说我国大学生仍将面临严峻的就业挑战。对高校学生来说，当前严峻的就业形势必然给高校学生带来一定的心理问题。

目前高校学生存在的就业心理问题有以下几种：

1.焦虑心理

焦虑是由心理冲突或挫折而引起的一种复杂的情绪反应，其主要表现为恐惧、不安、忧虑及某些生理反应。面对纷繁复杂的社会、面对严峻的就业形势和激烈的竞争环境，涉世不深，经验不足的高校学生在择业过程中，出现焦虑也很正常。但为此过度焦虑就属于心理问题。

2.从众心理

从众心理指个体在群体的压力下，在认知、判断、信念与行为等方面与群体多数人保持一致的心理现象。从众心理的特点是缺乏自主性和竞争意识，不顾主观和客观条件，盲目从众。

3.自卑心理

自卑心理是一种轻视或低估自己能力的一种心理倾向，表现为缺乏信心，缺乏勇气。这种现象多见于自我意识发展不健全的高校学生。

4.自负心理

自负心理是一种自我评价过高的心理倾向。有的高校学生因为所学专业"紧俏"，在考试中各种成绩比较优异；或者担任过学生干部，获得某种奖励，生活经历顺畅，没有经历挫折，在心理上产生高人一等的心理。过高评价自己，对用人单位要求过高，不能很快地找到适合的单位。自负与自卑同样是缺乏正确的自我意识的表现。

5.攀比心理

学生往往与自己身边同学寻找的就业单位做比较来建立自己的择业标准,而忽视自我的特点,对自我缺乏客观正确的分析,不从自身实际出发,不考虑所选单位是否适合自己,只是盲目攀比。

6.依赖心理

部分高校学生在就业时存在着较强的依赖心理,主要表现在:一是缺乏独立意识,在择业时缺乏应有的分析问题和解决问题的决策能力;二是依靠其他途径就业,缺乏主动参与意识和竞争意识,信心和勇气不足。

7.嫉妒心理

嫉妒是指在求职过程中对他人的成就、特长或优越的地位既羡慕又敌视的情感,这种情感的内化为嫉妒心理。嫉妒心理表现在看到别人某些方面求职条件好,或找到比较理想的工作时,产生羡慕又嫉妒的状态。

8.封闭心理

封闭心理的毕业生,性格内向,喜欢独来独往,不愿与同学或亲友交流;还有一部分是学生没有找到工作,害怕同学知道后嘲笑自己。

(二)高校学生就业心理的干预

1.就业心理的自我调适

良好的择业心态包括:选择适当的就业目标,高校学生的择业目标应与自身所具备的实力相当或接近,避免理想化,及时调整就业期望值,不刻意追求最满意的结果;避免从众心理,一切从自身的特点、能力和社会需要出发,不与同学攀比;克服自卑、胆怯的心理,树立自信心,树立敢于竞争的勇气;不怕挫折,遇到挫折,不消极退缩,采取积极的态度,勇于向挫折挑战。高校学生在就业择业中要重视自我心理调适,应努力做到以下几点:

(1)正确认识和评价自己

正确认识和评价自己是进行自我调适的基础。面对择业,高校学生除了要客观地分析就业环境外,最主要的是要正确全面地自我评价。首先要学会客观认识自己,至少需要了解以下几个方面:自己喜欢干什么,适合干什么,能够干什么,自己的优势和劣势是什么,最看重什么。也就是说,应当从职业兴趣、职业技能、个人特质、职业价值观和胜任力等方面去了解自己。避免对自己的评价过高或过低,导致自负和自卑心理。通过对自己客观的认识和评价,帮助自己找准就业定位。只有在对自我人格特征充分认识的基础上,发现自己的优势,再结合选择的职业意向,才能合理分析自己是否符合该职业,从而确定就业目标。

(2)确定合适的抱负水平

抱负水平是一种个性心理倾向,是指个人从事某种实际工作之前,估计自己所能达到的理想目标,也就是行为要达到什么程度的心理愿望。这种理想目标和愿望体现为主体对自己的一种期待,它必须与社会期待相适应、相协调。抱负水平的高低在求职中常常起到重要的作用。恰当的抱负水平,有助于高校学生处理好自我期待与社会期待的关系,摆正位置,从而进行正确的职业定向和职业选择。

(3)具备变通性和适应性

很多高校学生通过积极的就业情绪促使他们始终保持着良好的心态,最终实现自己的愿望。当今社会发展迅速,一个人一生可能从事多种职业,这就要求高校学生应该具备变通性和适应性,这是一种良性的转换态度与自我调适。有了这种品质,毕业生就会积极主动地面对现实,正视现实。当个人的职业定向和愿望与社会需求发生冲突时,也可以迅速做出调整,使自己在内在因素和外在因素的渗透、冲突中重新寻求均衡,从而使职业选择向成功的方向趋近。如果高校学生缺少变通性和适应性,把自我的理想职业目标放在一个不变的位置上,就势必抑制自我调节的可能性,从而陷入一种不利自我发展的境地。

(4)敢于竞争和善于竞争

当今时代,竞争机制已经融入社会、各个领域和人生的整个过程。迎接新的挑战,强化竞争意识是高校学生在择业前最基本的心理准备。高校学生强化择业的竞争意识,一是要在正确自我评价的基础上,充分相信自己的实力,敢于通过竞争去达到目标。二是须从社会进步和深化改革的角度来加深对竞争机制的认识,强化自身的竞争意识,正视社会现实转变观念,做好参加竞争的心理准备。

高校学生要想在求职与择业中取得成功,还必须善于竞争。做到有良好的心理素质、实力和良好的竞技状态;注意期望值是否恰当。期望值是个人愿望与社会需求的比值,期望过高会使心理压力加大,注意力难以集中,造成焦虑,影响正常的发挥;在求职时情绪一定要轻松自如,努力克服焦虑紧张情绪,要仪表端庄,举止得体,给用人单位留下良好的印象;锻炼出较好的口才,交流时口齿清楚、表述清晰;合理利用有关规则等。

（5）面对挫折从容应对

生活中的挫折是造就强者的必由之路，挫折是锻炼意志、增强能力的好机会，挫折是一种鞭策。高校学生在求职择业中遇到挫折是正常的，切不可因此而自卑。高校学生就业的"双向选择"，其本质是一种激励手段，对优胜者是这样，对失败者也是如此。"双向选择"对失败者并不是淘汰和鄙视；相反，它促使失败者振作起来，彻底摆脱"等、靠、要"的就业心态，加快自立自强的转化过程，成为新时代的开拓者。遇到挫折后高校学生应放下心理包袱，仔细寻找失败的原因，调整好目标，脚踏实地前进，争取新的机会。

2.高校学生就业心理提升策略

（1）建立心理咨询与辅导机制

随着高校扩招带来的学生人数增多，高校学生中的心理问题也逐渐增多。高校要加强心理咨询机构的建设，配备足量的心理辅导教师，加强对高校学生工作干部心理辅导知识与技能的培训，建立良性的心理咨询与辅导机制，为高校学生提供就业指导与服务。有效的心理辅导、成功求职策略的训练可以培养和提高高校学生的自信心，使他们具有良好的心态，这是高校学生应对复杂求职环境的挑战不可或缺的内容。开展心理咨询有助于培养高校学生健康的就业心理，保持良好的择业心态；有助于他们克服心理障碍，解决心理危机，摆脱困境，走出择业心理误区，树立自信心；有助于他们正确对待择业过程中遇到的挫折，正确认识自我，评价自我；心理辅导可以提高高校学生的自我调节能力和心理承受能力，使学生保持一种积极进取的态度和乐观向上的心态。

（2）重视高校学生实践技能的培养

高校学生的实践技能如认知技能、交往技能、管理技能、创新技能等技能的培养和训练，可以使高校学生具备较为全面的能力，对于高校学生在求职就业过程中缓和紧张、释放压力、增强自信心、增加成功机会有着重要的影响。因此，高校在高校学生的培养过程中，要高度重视对学生的实践技能的培养。社会实践、社会调查或教育实习，使高校学生了解社会就业与职业的实际状况，减少不合适、不正确的就业选择，培养健康的就业心理。

（3）引导高校学生树立正确的职业观

高校要注意引导高校学生树立职业的社会意识和长远意识，把自己的理想和现实结合起来。因为，职业的选择不仅是谋生和自我实现的需要，也是体现自我社会价值的手段。引导高校学生正确处理个人利益与社会需要的关系，只有做出正确的选择，才能充分发挥个人主观能动性，积极开拓自己的事业，为国家做出贡献，最终实现自己的个人价值。引导高校学生做好角色转变，树立起全新的职业发展观念。高校学生应具有发展的眼光和对未来的预见性，在求职和就业过程中既有对自己的正确评价，也有对社会长远发展的认识与判断，进而准确定位自己的职业坐标，规划好自己的职业生涯，做好全面准备，积极提高职业适应性，形成开放的大职业观。

（4）引导高校学生积极参与竞争与正确对待挫折

高校就业制度改革为毕业生提供了很多竞争机会。高校学生应树立竞争意识，积极参与竞争，在竞争中找到能充分发挥才华的岗位，并最终实现自己的远大抱负。高校学生要不断充实知识、培养能力、增强素质，提高参与社会竞争和承受风险的能力。参与竞争难免会遇到挫折，要对挫折有充分的思想准备，敢于面对困难与挫折，把挫折看成是锻炼意志、增强能力、提高心理素质的一场考验；要及时总结经验教训，认真分析失败的原因，调整自己的心态和择业目标，鼓足勇气，争取新的机会；绝不能一遇到挫折就灰心丧气、消极退缩、一蹶不振。

四、开展高校学生心理健康教育的策略

（一）普及心理健康知识

心理素质的提高离不开心理健康知识的掌握。系统学习心理健康知识，了解自身心理发展变化的规律与特点，学会心理保健的方法，自觉调节控制情绪，这是提高高校学生心理素质的重要措施。当前，高校要把系统开设心理健康教育课程作为心理健康教育的主渠道，要针对高校学生的心理特点，科学地安排有关心理健康教育的内容，加强对高校学生心理知识的教育。同时，应结合高校学生的心理需求，针对不同时期学生的心理问题的类型，分阶段、分层次、有重点、有针对性地开设心理健康教育专题讲座。例如，新生入校时的心理适应与角色转变教育、在校期间的心理发展教育、实习期的创业心理教育、毕业前的人生职业规划和择业心理调适等方面的教育；可运用广播、电视、校园网络、校刊、校报、橱窗、板报等多种手段宣传心理健康知识，也可以编写并散发心理知识小册子，扩大心理健康教育的影响；以此提高高校学生心理保健的意识，强化高校学生的参与意识，引导他们学会心理调节，学会自我完善，逐步培养健康心理。

（二）建立健全心理咨询机构

学校心理咨询工作是优化学生心理素质、保持学生心理健康的重要途径，也是心理素质教育的重要组成部分。它的主要职能是根据高校学生的心理特点，有针对性地对他们进行生活、学习、就业等方面的心理辅导，帮助学生客观认识自己的身心健康状况、发展特点及水平，了解影响其身心健康与发展的主客观因素，从而促使学生树立心理健康意识，优化心理品质，增强心理调适能力和社会适应的能力；有效预防和缓解心理问题，顺利完成心理保健与全面发展的任务。尤其是随着现代社会竞争的日益加剧，高校学生普遍面临来自人际交往、学习、就业、情感等方面的压力，如不及时调整就会导致学生心理失调和心理障碍。实践证明，学校心理咨询是一种行之有效的心理健康教育的方式，这也受到高校学生的欢迎。为了更好地开展心理咨询工作，高校心理咨询相关部门要根据当前高校学生心理健康的现状，建立健全心理咨询机构，配备专业咨询人员；通过个别咨询、团体咨询、电话咨询、网络咨询、心理行为训练等形式，为高校学生提供及时、有效的心理健康指导与服务，帮助他们正确处理环境适应、生活学习、情绪管理、交友恋爱、求职择业、人格发展和挫折应对等方面的问题；促使高校学生保持身心健康，德、智、体、美、劳等全面发展。

（三）在教学活动中渗透心理健康教育内容

高校学生心理健康教育不能只依靠少数专职人员。为了加强高校学生心理健康教育的力度，广大高校教师要树立心理健康教育的理念，将心理健康教育有机渗透各门学科的教学活动之中。高校教师要善于巧妙地将心理健康教育知识渗透到各学科教学过程中，对高校学生进行必要的心理健康教育，将心理健康教育与德育、智育、专业技术教育、美育及体育有机地结合起来，发挥心理健康教育潜移默化的作用，实现相互促进、功能互补，以取得最佳的整体效应，形成健康完善的心理健康教育体系。为此，有必要建立一个以高校学生心理健康教育课程为核心的学科教学体系，以高校学生心理健康教育课程为主线，与其他学科课程和活动课程紧密结合，相互促进，形成一种协同效应，从而构建一个由心理健康教育课程、学科课程和活动课程组成的统一的全新的课程体系。把心理健康教育渗透各科教学活动之中，这既有助于改变各科教学的现状，又有利于塑造高校学生健康的心理。这是推动高校学生身心素质全面发展的重要途径。

（四）加强校园文化建设

高校校园文化是以教职员工为主导，以高校学生为主体，以校园精神为核心，反映高校师生员工的思想、价值取向和行为方式的文化形式。优良的校园文化是高校精神文明建设的重要动力，它对学生的健康成长具有潜移默化的影响，对于高校学生学习如何做人、做事、做学问都起着一种导向的作用。其中，校风、学风是校园文化建设的重要内容，也是影响高校学生心理素质发展的软环境。因此，校园文化建设要做到以育人为宗旨，以校风、学风为核心，以丰富多彩、健康向上的校园文化活动为载体。高校学生通过参加校园文化建设，既增长了知识了又提高了能力，还可以缓解心理压力，并有利于培养乐观的生活态度和健康愉快的情绪。总之，在校园文化建设中，要坚持"以科学的理论武装人，以正确的舆论引导人，以高尚的精神塑造人，以优秀的作品鼓舞人"，搞好宣传、教育和引导工作，使高校学生在轻松、愉快、和谐的校园环境中健康成长。

（五）加强高校教师的心理健康教育意识

心理健康教育是一项专业性很强的工作，心理健康教育必须渗透学校教育、教学工作的全过程，因而加强高校教师的心理健康教育，增强教师心理健康教育意识和能力，是加强高校学生心理健康教育的关键。高校学生心理健康教育工作的成败在很大程度上取决于专业工作人员的素质和整体教师的心理素质的高低。

第六节　高校学生积极心理品质及其培养途径

一、高校学生积极心理品质的内容及培养

（一）高校学生积极心理品质的内容

我国高校学生积极心理品质是由六大维度20个分项组成的多维度结构：一是认知维度，包括创造力、好奇心、热爱学习、思维力；二是人际维度：包括真诚、勇敢坚持、

热情；三是情感维度，包括感受爱、爱与友善、社交智慧；四是公正维度，包括团队精神、正直公平、领导能力；五是节制维度，包括宽容、谦虚、审慎、自制；六是超越因素，包括心灵触动、希望与信念、幽默风趣。

（二）高校学生积极心理品质培养的实施路径

高校学生积极心理品质的培养是一项系统工程。在微观层面，建设积极心理品质培养资源库，设计和筛选适合各种品质的培养和不同教育形式的活动和课例，可以供心理健康教育工作者在具体实践中选取使用。在宏观层面，通过下面五个方面进行系统实施。

1.学习与研讨

在总体方针上，以积极心理健康教育理论为指导，以专职教师为引领，以辅导员和班主任为骨干，以学科教师为生力军，以各级领导为龙头，以活动式、体验式为主要途径，以积极向上的校园文化为氛围，全方位、全过程、全面渗透、全员参与，形成积极心理品质培养的立体网络。

2.科学测评

心理测评是心理健康工作者最常使用的手段，但传统测评的内容以筛查心理问题为主，并且测试之后往往缺少处理手段，对测评所得的数据不能很好地利用。积极心理品质的培养同样以测评为基础，以中国大学生积极心理品质量表、积极情绪体验量表、幸福和谐生物反馈系统等工具为主。

3.根据测评结果进行正向引导

以发展心理学理论为基本理论依据，以全国性高校学生积极心理品质调查结果为参照依据，以教师所教班级的高校学生积极心理品质测评为直接依据，采用多种形式进行引导和教育，如心理健康教育课程、主题班会、社团活动、专题讲座、校园宣传等形式。

4.对个别危机学生重点辅导

积极心理健康教育的最大特色在于补充了传统的"问题式、诊断式"心理健康教育的不足，将积极心理品质培养纳入心理健康教育范畴的同时，重视心理问题的预防、发现与积极干预。因此，培养积极心理品质坚持以正向引导为主，但绝不忽略危机学生的重点咨询、辅导和干预；要组成专兼结合的两支心理健康教育队伍，成立以校级、院级、班级为主体的三级教育网络，设立心理委员和建设辅导员队伍，以提高其心理健康教育的素养。这些都是做好这项工作的重要举措。

5.运用网络平台提高积极心理品质培养效果与效率

当前的高校学生是在网络环境中成长起来的。因此，高校心理健康教育工作者在坚持传统心理健康教育的基础上，可以利用网络优势，发挥网络平等、隐蔽、快捷、实时、互动的特点，通过网上心理解析、培养、训练、辅导、咨询、测验、诊断、治疗等方式，引导高校学生积极心理品质的发展，为其提供积极的心理健康教育辅导与咨询服务。

二、高校学生创业心理品质及培养

创业心理品质指在创业实践活动中对人的心理和行为起调节作用的个性意识特征，它是包括个体的需要、动机、兴趣、态度、认知、情绪、意志、性格、能力等方面的一种综合心理素质。创业心理品质对一个人的创业过程或创业行为具有引导和调节作用。敢于创业、勇于创业和善于创业是高校学生积极心理品质的最高体现。尤其在当前就业形势不够乐观的形势下，创业心理品质是高校学生最需要具备的一种心理素质。

（一）高校学生创业心理障碍及原因

对高校学生而言，毕业后选择创业或就业均为正常的择业选择，不存在优劣之分。因此，应将不了解创业而没有创业想法，已经学习创业相关知识但没有创业意愿，或因各种现实因素而在一定时间内无法进行创业实践活动的人排除在因有创业心理障碍而不进行创业的活动外。尽管如此，从总体上来看，创业心理障碍依然在高校学生群体中普遍存在，其主要受认知、情感和行为等三方面因素的影响。

1.认知因素

认知因素主要有以下几点原因：一是我国创业教育尚处于初级阶段，过去高校一直按照就业需求培养学生，学校、家庭的做法，以及学生积累的经验都使学生认为，就业比创业靠谱。二是国家尚无创业专业，创业课程的授课教师未进行系统学习，难以对创业活动的细节作出客观详细的描述和分析，导致创业教学效果大打折扣；创业课程往往偏向于理论教学，缺乏模拟实践训练等配套教学。三是高校学生在成长过程中，缺乏创业实践机会，接受创业教育时又难以把理论和实践相结合，无法形成系统的知识体系，缺乏创业经验。

2.情感因素

许多高校学生虽然创业意愿强烈,但并没有真正参与创业实践活动中,对创业存在焦虑和恐慌情绪,意志不坚定,心理适应能力不强,从而导致自我效能感降低,不得不放弃创业。这主要有以下几点原因:一是高校学生缺乏社会经验,未在社会中磨炼,存在依赖心理;二是高校学生创业意志薄弱,抗挫折力不强,在准备创业或者创业过程中遇到困难和问题,容易动摇;三是创业动机不明,存在投机取巧的现象,如部分高校学生创业是为了获得创业当老板的优越感,或是为了不想成为大家眼中的"啃老族",其创业动机不强,较易放弃创业意愿

3.行为因素

许多高校学生的创业愿望强烈,但在实际创业过程中会受自身行为的限制,使创业意愿与现实之间相距甚远,因此放弃创业。具体有以下两方面表现:一是部分创业愿望强烈的大学生,在创业时眼高手低,不愿意从基础做起,寻找各种借口逃避创业;二是盲目创业,部分大学生认为创业能为自身带来较大的优越感,以致既不对行业进行全方位了解,也不做市场调研,盲目制订创业计划,从而导致创业失败,给自己和家庭增加负担。

(二)高校学生创业心理素质培养的内容

1.创业成就动机的培养

成就动机是一个人追求成就的内在动力,它是人们在完成任务的过程中力求获得成功的内在动因。提高高校学生的创业心理素质,必须首先增强和培养高校学生的创业成就动机。高校学生的成就动机差异是在后天教育的影响下,在与他人交往的社会活动过程中逐步形成的,这就为教育培养和训练加强高校学生的创业成就动机提供了可能与保证。创业成就动机包含目标明确、开拓精神、创新性、富于挑战性和有责任心等方面。

2.创业思维的培养

创业成功者较多地以发散性、创造性思维为主,其主要特点是求异。流畅性、变通性、独创性是发散式思维的主要特征。创造性思维是能以新颖、创新的方式来解决问题的思维,是多种思维的综合表现,对创业活动有着重要的作用。对站在时代浪尖的高校学生创业者而言,更要注重加强创业思维的训练与培养,这样才能为创业成功注入新的活力。为此,高校要注意打破传统的评定学习成绩的观念,让高校学生积极参加创造性活动,如参加创业计划大赛、科技小组、兴趣小组、文艺小组等,使高校学生的创造性

思维、创造力都得到提升；还要让高校学生在实践中培养和提高思维品质，突破思维定式。

3.创业意志的培养

在创业过程中，困难、挫折和失败都在所难免。一个人只有当彻底战胜各种困难和挫折，有效地改变主观或客观的现实，最后实现预定的目的时，行动才算胜利完成，这就需要创业者具备较强的意志。创业意志更多地体现为创业者顽强的意志品质和强大的自我控制能力，创业意志的培养主要是培养高校学生的独立性、果断性、坚韧性和自制力。学校要引导高校学生树立远大的理想和志向，保持正确的行动目标，积极参加创业实践活动，在具体创造性工作中实际锻炼与培养其创业意志。

（三）高校学生创业心理素质的训练

1.创业情景模拟训练

通过开展创业模拟训练，锻炼和培养学生的应变思维、预知能力。这有助于训练高校学生创业者在复杂的、不确定的环境中做出快速反应的能力，培养他们养成遇事沉着冷静、独立自主地合理处置复杂情况的能力。

2.消除或缓解心理障碍法

人们如果长时间受不良情绪的影响，会使大脑长期处于保护性抑制状态，如果心理障碍长期得不到缓解和释放，会造成严重的身心问题。高校学生在创业训练和真实的创业过程中都会遇到各种困难，容易产生不良情绪。因此，学校开展高校学生心理健康教育对消除或缓解高校学生的心理障碍具有重要的意义。

3.认知活动情景法

该方法包括角色扮演和游戏法。前者在创业课程中以心理短剧、小品、哑剧等形式，让高校学生扮演创业活动中的某个角色，让高校学生感受剧中人物的内心活动和情感体验，从而更加真切地认识创业、体验创业。后者能够充分调动高校学生参加心理素质训练的积极性，缓解其心理紧张、焦虑等不良情绪，从而获得新的认识。这种方法可以培养高校学生的竞争意识和团队精神，有利于创业心理素质的培养。

4.发散思维模拟训练

发散思维本质上是一种创造思维。因而进行发散思维训练，实际上就是进行创造力的训练。发散思维训练主要是训练思维的流畅性、变通性和独特性。评价训练的结果，不仅要看发散项目的数量，还要看发散的维度，更要看发散项目的独特性和新颖性。

5.想象力训练

同创造性思维训练一样,想象力训练也是提高创业心理素质训练的方法之一。想象是重新组合已有的表象而形成新形象的心理过程。通过想象力训练,高校学生形成创造性的新形象,可以提高其创造力。

消除高校学生创业心理障碍,培养高校学生创业心理素质也是一个系统工程,需要学校、政府、社会和家庭等方面的密切配合。高校学生创业既需要资金、设备等硬环境的支持,也需要观念、舆论、社会风气等软环境的配合。其中,高校创业教育应扮演更为重要的角色,培养高校学生创业心理素质任重道远。

第六章 高校心理健康教育的德育功能

第一节 高校心理健康教育的德育功能研究的基本依据

高校心理健康教育的德育功能的挖掘与发现、发挥与优化的研究，都需要以马克思主义关于人的理论与思想为基本出发点，紧密联系德育基本原理和理论，以及高校学生心理健康教育自身的本质属性等理论成果，基于实践经验总结的基础，还要引进和吸纳人本主义和现代心理学所提供的新的理念与思想。只有这样，才能真正对高校学生心理健康教育的德育功能给进行提炼和归纳，为我国高校人才的全面培养以及育人目标的达成，为新时期高校德育和心理健康教育的共同发展切实助力。

一、马克思主义关于人的理论与思想

马克思主义理论与思想在本质上是以人为中心和出发点、以人为最高目的的理论与思想。人的需要、人的自由、人的解放、人的活动、个人的自由发展及人类的解放和自由发展的思想和主题贯穿马克思主义。因此，马克思主义对人的需要的认识和理解为对人的心理的理解乃至对人的全面客观理解奠定了基础。马克思主义不仅关注人的需要，也关注人的价值，即人的自由全面发展的问题。马克思主义理论和思想为对教育的认识提供了可靠的依据。

（一）马克思主义的需要心理学思想

马克思在论述自己的哲学观、历史唯物观的同时，对心理学的发展也给予了关注。

虽然马克思并未系统、具体地阐明心理学观点，但在其他方面的论述中依然能清晰地展现出以人的需要为主要特征的心理思想。首先是对心理学的认识。马克思在《1844年经济学哲学手稿》中这样写道："已经产生的对象性的存在，是一本打开了的关于人的本质力量的书，是感性地呈现我们面前的人类心理学。""如果这本书卷，即正是这部历史的最感人最易解的部分，对于心理学不揭开来，那么这心理学就不能成为一门真正内容丰富而又实际的科学。"其次是对人的需要的理解和认识。马克思没有对人的心理进行正式系统的论述，但其系统且较多地论述了人的需要。马克思说："他们的需要即他们的本性。"马克思、恩格斯对人的需要的论述散见于其各个阶段的论述中。马克思主要有两个观点：一个观点是精神性是更高级的享受需要。马克思对人类的精神需要的表现进行了总结和归纳，将人的需要层次看成一个由低级到高级组成的系统体系，认为人对文化成果的享用是人的精神性的需要，是更高级的需要。另一个观点认为需要是人的原动力。马克思认为："需要是人类心理结构中最根本的东西，是人类个体和整个人类发展的原动力。""需要也如同产品和各种劳动技能一样，是生产出来的。"

马克思、恩格斯基于需要的心理思想，是从需要出发对"现实中的个人"的心理规律的科学把握，也是对人的本质的客观认识，为一切实践活动提供了一个基准点，就是要把人放在现实中，根据人的不同层次的需要去开展相应的实践活动。这种心理观是教育活动特别是德育实践活动的人本意义，是作为当代高校学生德育工作和心理健康教育工作的理念和理论研究上的依据。当代我国高校德育已经从宏观世界转向微观世界，更关注教育对象自身的接受性、活动中的主体性、目的上的全面性，德育育人目标上从政治人的培养转为健康人的培养。这些都要基于对人的内在世界和心理基础的充分认识与了解，特别是从教育对象的需要出发，将德育的育人目标与个体的成长需要紧密结合，充分尊重个体的成长规律，才有可能实现实践活动效果的最大化，取得效益。当前，我国高校学生心理健康教育已经从人的需要出发，充分尊重个体的个性需要，但也要看到个体需要的狭隘性和局限性。从教育的本质和目的看，仅仅满足个体需要是不够的，还需要兼顾国家和社会的需要；个体价值和社会价值需要共同引领，心理健康教育不能是"唯乐"的教育，更不能是纯粹感性的教育，一定是情理结合、个体目的与社会效益双重实现的教育。

（二）马克思主义基于人全面发展的教育观

马克思指出："个人是否能顺利地发展他的天才，这就完全取决于需要。"历史证明,生存和发展的状态决定了一个生命的价值高度。也就是说,愚昧和野蛮的生存状态,决定了生命的发展处于相对较低的文化水平,那么生命的价值高度有限;更高层面的生命价值是处于一个良好的生存和发展状态下,在很高的文化层面上,人能获得自由和全面发展,生命的价值高度就由此得以提升。对当代高校学生而言,除了专业的学科教育,更重要的就是做人的教育、精神成长的教育。在高等教育中,德育和心理健康教育就担负着促进高校学生的精神成长和思想政治素质提高的重任。

马克思认为,人的发展必然与其所处社会的经济、政治等的发展密切相关,而一个社会的政治、经济的发展又是一个不断改进和完善的动态而漫长的历史进程,因此人的发展也必然是动态的、持续的和漫长的。也就是说,社会在其连绵不断的发展中,必然依赖每个个体的能力和素质的全面发展,社会本身才能真正获得有效的、不断的、更完善的发展。人的全面发展是个体的需要,更是社会发展的需要,因此教育要为此有所担当。

二、高校心理健康教育的新成果

心理健康教育在我国高校领域全面普遍地开展只有十多年,但取得了很多理论和实践成果。

(一)理论成果

心理健康教育的理论成果主要有两个方面。一方面是对人的认知的研究取得进展。在对社会的认知上,其主要有三个方面成果:第一,自我知觉的误差性。个体的自我认知常常与环境评价有出入或差别,个体的自我评价机制与道德教育的评价体系也会不同。因此德育要充分考量人的自我认知的共性与差异性。第二,他人知觉的模式和主流性决定了接受和认同程度。例如,个体是否认同道德楷模、政治领袖以及核心价值受个体他人知觉的模式类型和主流状态的影响和制约。第三,人际知觉具有鲜明的情绪色彩性。因此,高校应注重对受教育者人际交往能力的培养,去其情绪化,提升其理性意识,促进其形成健康的自我知觉和人际知觉。同时,要尊重人的社会知觉的层次差异,要分层地有针对性地开展相应的教育活动才有可能达到预期效果。

另一方面是对人的情绪和情感体验的研究成果。关注和有效区别人的情绪、情感是心理健康教育的特质和能力之一,并将这种特质和能力运用到认知培养中,对人的情绪、情感以及认知实现有效预判和动态监控。相比之下，当前高校德育对灌输理念的过度使用，较少顾及人的情绪和情感体验，因此当前德育是一种单向性的教育行为，甚至带有部分强迫性，教育效果大打折扣。除此之外，心理健康教育还在对人的意志活动特性的研究上取得成果。心理学发现意志具有自觉目的性、对人行为的调节性，心理健康教育鼓励学生确立符合事物发展的客观规律和社会准则的目标，因为这样的目标更容易实现，不易产生挫折感。同时对意志特征进行有效的分析和认识，帮助教育对象发挥出主观能动性，并由此形成正确的世界观和价值观。

（二）心理健康教育的实践成果

心理健康教育在其具体实践中，摸索和积累了一些实效性强、具有普适性的教育和引导的方法。

第一，人本主义的方法，即心理咨询中的以人为中心的方法。该方法相信人性本善，主张以当事人为中心，相信积极的关怀和耐心的引导可以使当事人消除心理障碍、恢复心理健康。将以人为中心的疗法运用于高校德育实践中，以学生为中心开展育人工作，有利于营造全员育人的和谐心理环境；开展赏识教育，培养学生自信心；运用倾听、同感和鼓励的方法，建立平等民主的师生关系；以学生为中心开展主题活动，激发学生潜能，在尊重学生主体性的同时也完成了教育对象的自我教育。

第二，合理情绪方法，即从学生的情绪、情感出发，发现学生产生不良情绪和负面感受的原因，通过解释、说服等方法来帮助学生重新树立合理的信念，提高其认知水平，消除不良情绪，养成正确的行为。该方法可以运用到德育过程中，当受教育者的思想意识、价值观、道德行为等出现偏差时，教育者同样可以带领受教育者找出产生这种偏差的原因，帮其重新树立合理的信念。在此期间，也可能会发现和总结出受教育对象的问题中，哪些是来自德育本身的问题，从而为进一步的教育活动找出症结。合理情绪疗方法融合了认知疗法和行为疗法的优点，它的众多理念与技术弥补了当前高校德育的某些不足，如忽视学生的主体建构性，主体间性缺失、教师与学生关系失调、德育工作表里不一等。合理情绪方法符合现代高校道德教育的发展趋势，它的工作特点也符合高校学生的身心特点，是高校道德教育可以借鉴的工作方法。

第三，行为矫正的方法。心理健康教育中的行为矫正法是基于强化理念，具体通过果断训练法、塑造法等行之有效的方法帮助个体学习和重新建立正确行为。德育在行为管理模式上主要以奖惩为手段，在个体的行为矫正上具有即时性、校内性、当面性、对象性,但不一定能融入受教育者稳定的行为习惯中,因而具有局限性。借助条件反射和心理受益的理论,行为矫正法可以促进新行为的稳定保留和形成。

第二节 高校心理健康教育的德育功能的发生与体现

高校学生心理健康教育从外部在学科上、方法上、理念上、根本目的等方面对德育产生横向的作用和影响;从内部对德育的基本内容即人格培养、政治心理、道德心理、理想信仰、法律心理等方面纵向地发生作用和影响。这也是高校学生心理健康教育的德育功能的运行机制和规律的体现。

一、高校学生人格的完善和提升

"人格"一词从心理学科发展而来。在心理学上,人格指人的性格、气质、能力等心理特征和面貌。有学者认为,人格是个体内部那些决定个人对其环境独特顺应方式的身心系统的动力结构,是个人适应环境的独特的身心系统。《辞海》对人格的解释是"个人的尊严、价值和道德品质的总和,是人在一定社会中的地位和作用的统一"。此外,人格至少还有三种含义:从伦理学角度讲,人格指道德人格,即道德品质的优劣和道德境界的高低;从政治上讲,人格是指人在政治活动中的持久性心理特征;从法律上讲,人格是指作为国家公民承担权利和义务的状况及程度。心理健康教育以个体心理学意义的人格(个性)完善和培养为主,同时对高校学生政治人格、道德人格及法律人格产生培养和提升的作用,这是其德育功能最重要最核心的体现。

(一)发展良好个性

《心理学辞典》把个性定义为"作为社会关系和意识活动的主体的个性;由参加社会关系所决定的个体的有系统的质",即个性是个性倾向性与个性心理特征的整体,表现一个人的整个心理面貌。哲学认为个性是指个体的人相对于群体的人的共性的特殊性，而心理学认为个性是个体在需求、生活习惯、性格、能力、兴趣、价值观念等方面表现出的稳定的心理特征。受一些国家教育思想和理念的影响，我国将个人相对稳定的各种心理品质的总和称为个性，而西方多称为人格。

按照美国心理学家爱利克·埃里克森人格发展的八个阶段的观点，高校学生正处于青春期和成年早期，这个阶段的个体正面临自我同一性和角色混乱的冲突，在个性的某些方面（如需求、能力等）的发展水平存在着差异，这种差异不仅表现为心理学意义上的丰富与多样，在政治人格、道德人格、思想境界、思维方式上也可表现为不同层次。

帮助高校学生形成健全的人格和完善的个性是心理健康教育的基本目标和任务。人的本质概括为人的需要、生产劳动的自由自觉性、社会关系和独特个性的完整统一。高校学生心理健康教育基于心理学的研究成果，特别是健康心理学的理论和实践经验，对高校学生个性的形成、发展规律持有深度的关注和研究。心理健康教育在高校学生个性发展和人格完善方面发挥着两个功能：一个是补偿功能，一个是发展功能。心理健康教育用专业工具评估和预测学生身心健康程度、活动效率以及社会适应状况，对有人格缺陷和心理健康状况不良、社会适应能力不高的个体通过心理咨询和团队辅导等给予个别帮助，发挥人格的补偿功能，将个体心理状况调整为健康状态，这个功能被普遍认可和肯定。心理健康教育的发展功能是指它不仅关注少数有心理问题或心理疾病的个体，也关注大多数健康群体；对大多数健康群体积极进行潜能开发，鼓励其自我发现、自我更新、自我超越；通过职业规划等指导，帮助个体完成职业成长和价值实现；通过团队辅导等形式，引领个体懂得合作与竞争，建立团队概念，更好达成社会适应与和谐氛围的营建，帮助其完善人格结构，提高心理健康水平。

心理健康教育通过补偿与发展两个功能的实现，帮助高校学生个性的发展和完善，促进其成熟和全面发展。心理健康教育在体现自身本质属性的同时也承担了德育的目的和任务。

（二）发展政治人格

政治人格是指政治主体在政治活动中产生和表现出来的持久性心理特征的综合。政治人格包括政治道德、政治品格、政治情感和政治技能。高尚和健全的政治人格会产生一种人格魅力，产生出巨大的凝聚力、感召力和说服力，进而形成领导力。

因此说，政治人格直接影响人们的政治行为及其在政治生活中承担的角色。心理健康教育通过心理人格的培养奠定政治人格的心理基础。理想的政治人格侧重于智慧的培养和意志力品质的形成、情感的丰富与稳定，着重追求个性发展和自我价值的实现。无论是国外政治文化的要求还是中国政治人格的理想，都需要一定的心理学意义的人格基础，如激情、意志、灵活、博爱。心理健康教育为政治人格提供教育理念和心理资源，是传统政治教育和道德教育无法替代的。

心理健康教育通过对社会心理的预测与解释引领群体政治人格。社会心理分为智、情、意三大部分，即社会知识、社会感情、社会意志。人是社会中的人，是群体中的人，个体政治人格与群体政治人格密不可分。在群体中，有去个性化效应，即个性消失，个体自我意识被削弱，自我控制能力会下降，表现为情绪色彩浓烈，理性下降；与此同时，变革图新、追求自由正义的愿望动力上升，行为变得与日常表现反差明显。

（三）发展道德人格

道德人格是一个人的道德品质、价值、尊严以及道德影响力等心理状态的综合体现。良好的道德品质可以获得社会和他人的尊重，进而获得庄严感和尊严感，因此人格尊严的内涵通常来自道德意义。心理人格的发展是心理健康教育和德育共同关注的育人目的，而道德人格的发展和培育是德育的重中之重和应有之义。心理健康教育在其发挥本质属性的过程中，透过对个体心理状态和现象同时了解和把握学生所持的"看法"和"做法"，找出其中隐含的世界观、价值观、人生观，指导学生反思和领悟"做什么""怎么做""何以这样做"的问题，不仅在心理层面更是站在思想和道德层面去评判教育对象的个性。应当说在这一点上心理健康教育已经为德育做出铺垫和承担，体现出其德育功能。

（四）发展法律人格

法律人格是基于法律的认识和理念所形成的人格。人格与行为之间存在着相互作用、相互制约的关系，健全的人格不仅能反应刺激而产生行为，还能生动地引导行为。生成自我控制的人是社会发展和文化变迁的要求和结果，高校学生这个特定的群体正是处于"能生动地引导行为"完善人格的关键时期。在现代化进程中，社会环境的复杂性和多样性，不仅对高校学生形成健全的法律人格造成影响，也是高校学生形成健全法律人格的促进条件。正如马克思所言："尽管个人自己做决定，但却不是在自己选择的环境中这样做。"当高校学生在法律知识不足、法律意识缺乏，还要由不成熟、不健全的法律人格来引导其行为时，自行寻找途径行使权利容易发生违法行为。因此，高校学生法律人格的塑造是德育的重要职责，对高校学生知法、懂法、守法的心理的关注是十分必要的；其必要性体现在以下三个方面：

1.心理健康教育为法律人格养成提供科学认知方式

个别高校学生在思维方式上重微观轻宏观，以偏概全；重表面轻内在，不能找到解决问题的关键和问题的实质；重简化轻分析，思维极端化。如果理想、信念和世界观错误会导致学生缺乏必要的鉴别真伪的能力，容易形成不健康的心理。心理健康教育对认知方式的调整和培养可以为法律提供良好的认知基础，其所开展的危机干预和应激管理可以预防和避免某些犯罪动机向行为的转化。

2.心理健康教育为法律人格的养成提供合理情感基础

高校学生中比较常见的是应激性犯罪，这与高校学生的情绪、情感特点有密切关系。一些高校学生由于家庭环境、生活经历、生理缺陷等原因，或情感发展不够顺利，易形成情感淡漠和情感障碍。在特定的诱因下，学生容易做出危害个人和公共安全的事件。现代心理健康教育过程越来越多地重视和强调对情商的培养和教育，就是要关注每个体的情感、情绪的良性发展；心理健康帮助高校学生学会爱、理解、尊重，学会包括情绪管理，与自己、他人、社会和自然构建和谐关系，提高情商等。

3.心理健康教育为法律人格的养成提供意志引导

法律意志关乎法律理性与法律行为的调节与平衡。法律如果不能被遵守，那它的存在意义就消失了。如果法律作为一种信仰，是法律的个体内化过程，是一种心理现象。法律内化为个体信仰，并在此基础上升为法律意志，心理健康教育可以为其提供"获益"理论，引申到德育的法律教育中可以应用为凡是遵守法律的必然获益，让学生明白守法具有让心灵获益的功能。这种理念的教育能满足人的需要和符合人的愿望，使人产生愉快、喜爱等肯定性的情感体验，就能主动内化于心，稳定下来就成为法律信仰。此外还有敬畏教育，通过违法后的惩罚体验，让不良的需要和动机在恐惧或痛苦的记忆下停止。此外，还可以让学生去体会规则之美，让学生认识到守法是一件美好的事情，因为守法，空间更有秩序美、心灵更有坦然美、关系更有和谐美，人们在此基础上获得真正的身体自由、心灵自由、行为自由的美好。

二、对高校学生理想信念的导向功能

德育的目的是持续不断地引导受教育者自我发现、自我觉醒、自我造就,让受教育者意识到"他的不可穷尽性,实现由他人引导向自我引导的转换,从而自觉地进行自我建构、自我超越"。德育着重教育学生树立理想信念。

通过自我同一性的培养是孕育理想信念的土壤。社会转型过程中,社会秩序所发生的各种变化,必然对个体自我的内心造成影响,特别是网络时代的时空分离,抽离化和反思性动力机制的作用,带来全球性的自我认同危机。现代人出现的精神危机表现为两类人增多:一类是"空心人"即失去生命的价值感和方向感;另一类人是"碎片人",即与自然、社会的关系处于分裂的状态。对于自我意识尚未完善的高校学生来说容易带来自我认同混乱甚至引发自我认同危机。个人的无意义感,即那种生活没有任何意义的感受,成为高校学生根本性的心理问题。心理健康教育通过对自我同一性的教育和培养,能帮助学生重塑价值观,从而获得价值感,激发对生命和人生的热情,对未来充满期待,为理想信念的萌发提供土壤。

自我实现源自个人自我实现的需要、个人自我发展的需要,它是人充分发挥自身潜能,克服环境中的困难与考验,将自身的天分、本性等逐渐显露和外化,个体成为原本的自己,并追求完美的过程和结果,成为自我实现者是人最高级的需求,也是人生追求的最高目标。人具有无限的潜能,超越的自我实现者是人格成长的最高阶段。心理健康教育应继承和吸收这种理念,树立自我实现是现代人应有的素质的观念,在其具体实践中秉承人本主义理念,引导高校学生在心性发展、德性发展、理性发展、个性发展和群性发展等方面不断探索和超越,成为自我实现的人。

第三节　高校心理健康教育的德育功能的实现与发挥的路径

高校学生心理健康教育已经成为德育的重要内容,其所具有的德育功能就目前发展态势上看还存在一定的无意识性和潜在性。如何让高校心理健康教育的德育功能从无意识变成有意识，从内在转化为外显，从客观必然实现主观能动，是高校学生心理健康教育德育功能发挥的核心要素。主体性实践路径、载体路径以及合力路径的采用对高校心理健康教育的德育功能的发挥更具前瞻性和基础性。

一、主体性实践路径

主体性是人性中最集中体现人的本质的部分，人不但能思考，而且能知其所思，即能批评、检讨、反省、纠正自己的思想；人不但能感受，而且能知其所感受；人不但有意识，觉知到周围的世界，而且更有自我意识，觉察到自己在世界中的存在。教育者和教育对象是一切教育活动中的关键元素，任何一种教育功能的发挥和价值实现都需要通过主体来承担和完成。关注主体的教育资源，挖掘客体的教育基础，充分发挥主客体的交往互动中的教育资源和育人力量是教育实践必要的视角和维度。主体性德育所要培养的不是德育要求的执行者和实践工具，而是接纳德育、享用德育，并能自由和有创造性地践行德育要求的人。

（一）重视教育主体的德育资源

教育的主体一般被认为是"教育者"主体。传统意义上德育的教育主体通常指国家等道德教育群体、道德教育者，以及作为阶段性主体的教育对象（受教育者）。我国的道德教育主体具有广泛性，在三个主体的基础上，外延拓展到对人们的政治人格、思想观念和道德人格产生影响的组织和个人。心理健康教育的主体主要指从事心理工作的专兼职教师，这些主体本身就具有丰富的德育功能，其主要体现在以下几个方面：

第一，心理健康教育主体具有德育效果的示范性。首先，大多心理健康教育者特别是高校心理健康教育的主体大都是经过选拔从事该职业的，其本身是德育和心理健康教育的直接受益者和效果承载者。"学为人师，行为世范"，教育主体具有先天的示范作用。其次，大多数心理健康教育者的人格成熟度相对较高，个体发展比较全面，对正确的价值体系、良好的个性特质形成规律、行为模式调整等都有更深层的理解和认识；在与教育对象的互动中，心理健康教育者本身会传递出德育所需的理念、信息和感受。最后，大多数心理健康教育工作者具有对人的心理关照和人文情怀，具有知识分子群体相应的认知水平、道德修养及坚定的政治立场，且大多是专业能力突出、政治素质过硬的人员；还有一部分早期入职的心理健康教育工作者是从德育教师、辅导员等转岗进入心理健康教育工作领域的，其政治素养、道德水平和心理健康程度较高。这说明心理健康教育主体本身就是德育目的的呈现，展现着德育之后的效果。教育主体的一言一行、举止风貌、观念信仰的表达，就是在向教育对象身体力行地示范德育的要求和标准。

第二，心理健康教育主体具有德育内容的承载性。对于高校心理健康教育实践而言，学生既是教育的对象，又是教育的主体；同样，实践主体即心理工作者承担着高校教师和咨询师的双重角色，既不能违背价值中立的原则，又不能背离教育者的职责和功能，这就要求心理健康教育工作者作为教师角色时应以自身所内化的科学观念和价值对学生加以引导和施加影响，又要在作为咨询师身份时不能带有强迫性。在这种独特的引导和施加影响活动中，传递的是心理健康教育工作者自身所承载的德育内容和要求，例如价值观、人生观、世界观、道德原则和伦理规范、法律知识等。

第三，心理健康教育主体具有德育艺术的供给性。德育活动丰富多彩，其具体方法也是多种多样，德育工作者为了有效实现德育目的而创造性地运用具有感染力的教育技能和技巧统称为德育艺术。常见的德育艺术主要有运用语言的艺术、选择时机的艺术、选择突破口的艺术、把握适度的艺术、综合运用各种教育方式的艺术；而心理健康教育的主体在其工作中需要学习和掌握多种咨询技术和技巧，且其中的一些技巧可以作为德育艺术拓展和创新的有益借鉴。例如，心理咨询中的倾听技巧，如表情、非语言动作、坐姿等可以鼓励和支持来访者更好地袒露心声；心理咨询中的观察技巧，如可以通过观察表情、语气、肢体语言、情绪等来判断来访对象的心理变化，以更好地判断其真实状况，及时调整咨询内容和话题走向；心理咨询中的影响性技术，如其中面质技巧可以帮助咨询对象理清心理困扰的实质，解释技术可以运用相关理论对咨询对象的内心进行干预等。这些心理健康教育基本活动技巧有利于提升以语言为主要工具和技术的德育实践活动的艺术性和实效性。

（二）观照教育客体的德育基础

教育客体与一般物质客体的区别在于他是有思想意识、有情感、有意志、有能动性的人。高校心理健康教育的对象即高校学生，已接受了十多年的德育熏陶，在德育环境下成长起来的他们已经被深深印刻上传统德育的教育痕迹，德育系统的内容和要求已经通过不同德育实践深入在他们的头脑与内心。从总体上说，他们已经具有一定的德育基础，不同的德育基础和内化程度需要心理健康教育予以不同层次的对待，在此基础上发挥其德育功能。

德育思维也可以表达为德性思维，是连接价值判断和事实判断的一种思维方式，它把人的"自由而全面发展"的品质作为最高和最完善的德性；作为一种思维形式，德育思维内化为个人的和社会的思维起点和思维原则，并且按照一定的理性活动逻辑进行。良好的德育效果可以帮助高校学生形成科学的价值理性思维。从政治角度看，多数高校学生爱国情感浓厚、社会责任感强烈，与国家和民族同心同德；从道德层面看，他们懂规则、重德性，表现出良好的道德修养。对这样的高校学生，心理健康教育应以发展和超越为目标，引导教育对象将德育思维提升为理想信仰，在追求德性价值中完成自我实现和自我超越，真正达到"自由而全面发展"。另外，也有部分高校学生因多种原因缺乏理想信仰、功利意识强、价值取向偏颇，那么心理健康教育理应从认知发展角度，引领学生通过对"自由而全面发展"的自我实现角度积极吸纳和构建德性思维。

二、载体路径

（一）课堂教学内容的有机渗透

按照《中国普通高等学校德育大纲》《大学生思想道德修养教学大纲》的要求，"在思想道德修养课中，科学安排有关心理健康教育的内容。"在心理健康教育的具体实践中，课堂教学已经实现了独立开课，在制订心理健康教育课程目标时，已经充分考虑了课程目标的适应性、超前性、发展性、层次性、连贯性以及可操作性，且在其中积极主动地、有机地渗透思想道德教育的内涵和导向。

第一，由心理层面的需要、兴趣、动机的解析与指导教育上升为理想信念教育。通过对需要、动机、兴趣等动力心理知识和调节技能的教育和指导，促使学生从兴趣和爱好出发，将适度的需要和动机作为心理发展的起点，合理调节需要、激励健康动机，将个人成长需要与国家需要和社会期望有益结合起来，将个人价值与社会价值统筹兼顾，将小我需要变成大我需要、将小我梦想变成大我梦想、将自然需要变成理想信念，实现个体的自我发展与自我超越，同时为国家和社会的发展贡献力量。

第二，由心理层面的情绪、情感、意志的解析与指导教育上升为情操教育。通过开展情绪、情感、意志等控制心理知识和调节技能的教育和指导，促进学生养成自觉性、果断性、自制性等心理品质，并从情感上将小我升华为大我，形成对他人、社会、国家、自然的一种境界与情操，达成和谐的关系观念。从意志品质上升华为一种自我管理、自我调节的能动性和理性思维，实现自我教育到自我完善乃至自我超越的全面发展的境界。

第三，由心理层面的知识、认知的解析与指导教育上升为人生观和价值观教育。心理健康教育的课堂教学通过对世界、自然、社会、个人、他人等认知心理知识和技能的教育和指导，帮助学生了解自己，从而对人生、人性、社会等有客观理性的认识和了解，并在此基础上形成积极、健康、主流的人生观、价值观，作为指导自身知情意行的准则，进而实现德育的相应目标和要求。

（二）教育活动蕴含的双重目标

1.心理咨询蕴含的德育价值

心理咨询中存在的价值干预体现了教育的双重目标，是心理健康教育工作的重要组成部分。首先，从心理咨询本质属性看，心理咨询的文化起点决定其含有价值干预。事实上，许多学生心理问题就是价值观的问题，是价值判断与价值选择的问题，是个人需要与社会道德和个人道德的自我要求出现错位所导致的心理矛盾与冲突，它是因当事人缺乏旁观者的理性判断和自我调节经验而引发的。因此，心理咨询的价值中立，是指对来访者的价值内容和结构避免主观批判和评价，咨询方案中的引导实质是对来访者应用价值功能的失调予以帮助和协调。其次，心理咨询的主体具有价值干预的必然性。教师本身就是价值的承载体，即使恪守价值中立的职业伦理，其咨询活动也一定会带有自身所持的价值痕迹，例如对问题的分析、对咨询方案的选择、对技术和方法的择取，客观上都会出现价值观的传递和输出。因此，心理健康教育中的心理咨询一定含有价值干预，而价值干预正是德育所要承担的任务。最后，心理咨询对象决定其必然蕴含价值干预。高校心理工作者直接面对的教育对象是高校学生，高校学生处在独特的生理和心理成长阶段，社会化没有全部完成，其价值体系没有完成构建而处于调整和不稳定的状态，不成熟的心理状态因价值取向的不明确或者价值冲突而产生动荡和困扰。如果高校心理工作者完全执行职业心理咨询中的价值中立原则，没有用自身更为完善的价值观去影响和感染来访者，不仅无助于解决来访学生认知中的核心问题，同时也不利于来访学生的心理成长，不能真正达成咨询的效果和目标。

当然，心理咨询中的价值干预是从个体心理感受和问题的解决为出发点的，而德育的价值干预更多侧重于从社会的规范、和谐氛围的角度。实践中，个体的心理问题的解决也一定是尊重社会规范和伦理要求、适应社会并充分完成社会化为目标的，这既是心理咨询效果的要求，也是心理咨询帮助人全面发展的目标的要求。因此，高校心理工作者担任了道德教育工作者的任务，在其实践活动中从主客观双重层面实现心理健康教育和德育的双重目的。

2.团体辅导中内隐的德育导向

团体辅导是心理健康教育中另一个重要的工作形式和途径。团体辅导是在团体情境下进行心理辅导的形式，它与个体心理辅导的区别在于其以团体为对象，根据所需要解决的问题的方向设计方案，创建一个团体成员可以实现互动的情境，促使个体在团队互动中学会观察、获得体验、分享或效仿新的态度与行为方式，从而找到新的成长经验和模式，进而发展自己。团体辅导可解决团体成员的共性问题，促进个人自我发现和个人成长，实现心理健康教育从单一的矫治性辅导方式向集预防、优化、发展于一体的多元化辅导方式的转变，拓宽了教育的覆盖面。同时，在团队辅导过程中，随着辅导方案的渐次实施，产生越来越多的人际互动，形成开放、包容、支持性的团体氛围，给学生以归属感和安全感，学生得到更多的借鉴和情感支持，解决学生的心理问题，提高了心理健康水平。因此，团体辅导这种实践形式在客观上起到了团结、互助的德育作用，教育对象能够获得激励和成长。

只有从根本上解决学生出现的各种心理问题，才能使学生既明白个人本身的价值取向，又清楚社会需求，才能使学生既关注个人利益，又重视社会利益；否则就会出现心理教育在育人方向上与德育相违背的现象。

第四节　高校心理健康教育对提高德育实效性的作用

一、改进心理教育方法，增强德育的实效性

心理教育的实效直接影响高校德育工作的进展及其成效。要提高心理教育的实效，就必须大力改进心理教育方法，多角度、多层次在高校中开展心理教育活动，切实增强高校德育的实效性。

（一）积极开展心理咨询和开设心理指导课

在高校教育中,积极开展心理咨询和开设心理指导课应成为高校学生心理健康教育的重要内容。心理咨询和心理指导课要以高校德育目标为指导,有的放矢地帮助高校学生解决各种心理问题;积极开展心理咨询和开设心理指导课,有利于形成科学的心理教育格局,有利于切实有效地解决学生的心理问题。其具体有以下几点作用:

1.积极开展心理咨询活动,提高高校学生的思想道德品质

在高校德育教育过程中,心理咨询是一项能够极大促进高校德育目标顺利实现的因素。心理咨询在高校出现的时间并不长,还是一个新生事物。但其发展势头却非常迅猛,目前各大高校中已经普遍设立了心理咨询机构。虽然不同学校的心理咨询机构规模大小不同,成效也不同,但高校心理咨询是从无到有、从小到大一步一步向前发展。高校的心理咨询机构可以有效地帮助高校学生解决在学习生活中遇到的心理困惑和心理问题,对高校学生的顺利成长起到良好的作用。尽管如此,心理咨询在高校德育中还远未发挥出应有的作用。绝大部分学生并不了解心理咨询,或是不愿进行咨询,有相当一部分学生对心理咨询存在认识上的误区。这导致高校心理咨询工作不能顺利开展,心理咨询的成效不理想。因此,在高校德育中,除了要设立专门的心理咨询机构外,还要加强宣传,让学生对心理咨询有一个正确的理解和认识。当学生需要心理咨询服务时,心理咨询机构应该有针对性地向高校学生提供及时、有效的指导与服务,这样才能提高心理咨询的功效。此外,高校心理咨询机构还可以充分利用高校的广播、校园网络、校刊、板报等多种媒体,广泛进行心理咨询的教育活动。

2.开设心理指导课,进一步拓宽高校德育教学领域

在高校德育中融入心理教育,不仅是运用一些心理教育的方法提高德育的成效,也不仅是在高校校园设立面向学生的心理咨询机构,而且还要系统地开设心理指导课,这样才能更加充分发挥心理教育的功能。心理指导课不同于普通的心理学课程,它是针对高校学生出现的心理问题进行理论分析和指导,从而解决学生的心理问题、塑造学生健全人格的课程。

心理指导课的开设,有利于高校学生个体心理健康的培养,有利于高校学生健全人格的塑造。与普通的心理学课程相比,心理指导课以解决高校学生具体心理问题为目标,既有理论性,又有针对性。这对高校学生心理健康的培养非常重要。心理指导课主要是针对学生出现的心理问题对学生进行教育,从而促成高校学生健全人格的实现。这对于进一步拓宽高校德育教学领域,深化高校德育的内涵是很有益处的。

（二）广泛开展心理普查，增强德育的针对性

心理普查在心理教育体系内占有极其重要的地位。心理普查是一项促进心理教育顺利开展的科学的辅助手段。心理普查不但能帮助高校学生更好地认识自己，而且能帮助教师更好地了解学生，从而增强德育工作的针对性。

1.广泛开展心理普查，帮助高校学生认识自己

心理普查是国内一种常用的心理评估方法。这种方法主要是通过问卷调查的形式，对高校学生心理健康方面的状况做出评估。高校学生要对问卷中的问题逐一回答，因此具有较广泛的普遍性和较高的可信度。高校学生逐一回答问题的过程，也是高校学生对自身思想和自我行为进行审视的过程。因此，心理普查能够更好地帮助高校学生认识自己，从而有效促进其心理的健康发展。

2.广泛开展心理普查，帮助教师了解高校学生

心理普查可以使普查对象更好地了解自己，也能使教师对学生有更全面、更科学的了解。通过广泛的心理普查，对存在心理问题的高校学生进行必要的疏导；对患有心理疾病的学生提供及时有效的心理援助。心理普查使德育工作更加具有针对性。

教师要对心理普查的结果进行深入研究，探讨对学生进行心理教育的新方式。一般情形下，各高校应该对新生进行心理普查，必要时可以建立高校学生心理档案，以便教师更有针对性地展开工作。需要特别注意的是，心理普查是一项专业性很强的活动，进行心理普查的人员应该掌握一定的心理知识，对普查结果应深入科学地进行分析。

二、提高教师知识素养，多渠道渗透心理健康教育

增强心理教育在高校学生德育实现途径中的作用，提高对心理健康教育与高校德育相结合的重要性的认识是提高德育成效的首要条件；建设有利于心理健康教育在高校德育中运用的环境，并且适当改进心理健康教育方法是改进德育成效的必要条件；而提高教师知识素养，在教学中多渠道渗透心理健康教育则是改进德育成效的充分条件。提高教师知识素养主要有以下几点：

（一）建立一支既懂德育又懂心理健康教育的教师队伍

高校心理健康教育的是德育工作者积极探索德育发展的结果。我国高校心理健康教

育的地位越来越重要，所起的作用也越来越大，这些都与高校德育工作者的辛勤耕耘、无私奉献分不开。在高校德育工作者的努力下，高校的心理健康教育取得了较大的成绩。但在取得成绩的同时，还要看到高校心理健康教育还存在着许多不足，面临的任务还很艰巨。因此，要加强教师队伍建设。教师除了掌握和熟悉有关德育方面的专业知识，还要学习和掌握有关高校心理健康教育方面的知识。

1.高校德育工作者要学习掌握有关心理健康教育的知识

德育成效与德育工作者本身的理论水平以及实践经验有着十分密切的关系。德育工作者首先应该具备一定的理论知识，包括政治理论知识和心理学知识；其次还应当具有一定的学历及职称，这样才能更好地胜任德育工作。当前，德育工作者具备一定的政治理论知识，但对心理学方面的知识缺乏了解，从而影响了对学生的全面认识。心理健康教育注重研究和了解人的内心世界，注重心理疏导，有效地提高德育的有效性。因此，加强对高校德育工作者的心理健康教育培训，提高德育工作者的心理健康教育的意识和水平，对提高德育工作者的理论知识水平，提高德育工作者自身的素质，提高德育的有效性，都具有十分重要的现实意义。

高校德育工作者学习心理知识的方法是多种多样的，其中最有效的办法是采取集中培训的方式。例如，可以举办培训班，定期开办一些专题讲座等。举办培训班是比较易见成效的一种方式，这是提高高校德育工作者心理健康教育知识的重要举措之一。此外，德育工作者还可以采取自学的方式。自学方式比较简单，而且在自学过程中，德育工作者可以边学习边运用，边实践边摸索，也容易取得成效。一名合格的德育工作者，在某种程度上也是一位合格的心理健康教育工作者。

2.高校心理健康教育工作者要学习掌握高校德育的有关知识和方法

德育作为高校教育的一个有机组成部分，高校心理教育工作者也要学习、掌握高校德育的知识和方法。从我国高校心理教育的现状看，目前在高校中从事心理健康教育工作的人员除德育工作者外，还包括心理专业教师，甚至还有一部分其他专业教师。因此，这部分非德育专业的工作人员就有必要学习和掌握一些有关德育的知识和方法，否则会影响心理教育在高校德育中作用的发挥。

高校心理健康教育与德育能融合在一起，主要因为二者在育人目标上具有某种程度的一致性。高校心理健康教育在为高校学生提供心理健康知识的同时，也要加强德育。相反，心理健康教育始终要与高校德育相结合，在育人方向上与高校德育保持一致，要把提升学生的思想道德水平作为自己的工作目标之一。因此，心理健康教育工作者也要学习和掌握高校德育的有关知识与方法，这样才能有效地防止专业知识的缺失，也能有效地防止在心理健康教育过程中出现目标偏低的问题。可以说，学习和掌握高校德育的有关知识、方法既是高校教师完善知识结构的需要，也是他们提高自身思想修养的需要。

（二）在学校教学中多渠道渗透心理健康教育

在学校的各项教育活动中，不但德育工作者要注重对学生进行心理健康教育，其他部门的工作人员包括辅导员也要注重对学生进行心理健康教育，做到全面渗透、全员参与、全程落实，使心理健康教育渗透学校教育的全过程。

1.在各学科教学中渗透心理健康教育

心理健康教育渗透各学科教学中，这是对学生加强心理关怀的重要举措。高校心理健康教育仅依靠德育教师是很难收到良好效果的，也不容易实现心理健康教育的最终目标。在各学科教学中渗透心理教育，动员学校全体教师共同参与，使每个教师都成为心理健康教育工作者，承担起心理健康教育的责任。为此，在教学中教师都要具备一定的心理健康教育知识，要有一定的心理健康教育意识，都要善于根据学生的心理活动规律来安排组织教学。此外，教师要善于挖掘教材中所蕴含的有关心理健康教育的内容，并能充分加以利用，使各学科教学能起到培养学生良好心理素质的作用。

2.在德育活动中渗透心理健康教育

心理健康教育是德育工作的基础，德育工作、德育活动是心理教育的重要载体，二者密切结合，不可分割。在德育活动中渗透心理健康教育可以通过以下四个方面来进行：

一是通过扩充和完善德育目标，例如把关注学生的心理健康纳入德育的目标，就可以在德育教育中渗透心理教育；二是通过丰富德育内容，例如把培养学生良好的心理品质纳入德育的内容，就可以在德育中渗透心理健康教育；三是通过丰富德育方法，例如开展心理咨询、运用测量技术等，可以在德育工作中渗透心理健康教育；四是通过提高德育队伍素质，例如德育工作者学习和掌握心理学的有关知识，有效提升德育工作者的素质，这也可以在德育中渗透心理健康教育。总之，德育工作者常常扮演双重角色，既是德育工作者，又是心理健康教育工作者。缺少心理健康教育的有关知识，德育工作就会是不完善的。因此，德育工作者要努力学习和掌握心理学有关理论和方法，并将心理学的有关知识和方法自觉运用到德育实践工作中去，以增强德育的效果。当然，在德育工作中强调心理教育的同时，也要看到二者的区别，既不能用心理教育取代德育，也不能用德育去代替心理教育。

3.在课外活动中渗透心理健康教育

由于高校课业较为轻松,高校学生有较多的课余时间,因此高校课外活动内容丰富,种类繁多,其中蕴藏着形式多样的心理健康教育。在丰富多样的课外活动中,学生可以开阔自己的视野,锻炼自己的意志,丰富自己的情感体验,可以提高自我调节的能力、研究和创新的能力,以及独立思考问题和解决问题的能力。课外活动对学生的各种实践能力有不同程度的提升作用,通过课外活动渗透心理健康教育,对学生的心理素质的提升也会起到更有效的促进作用。

三、高校心理教育对提高高校德育实效性的途径

(一)正确认识心理健康教育的作用

在高校学生德育实现途径中关注心理教育教育的融合程度,提高对心理健康教育以及心理健康教育与高校德育相互融合重要性的认识,是正确认识二者的相互关系以及探讨二者相结合的首要条件。

1.正确认识心理健康教育与高校德育的相互关系

心理健康教育与德育之间既存在一定的区别,又存在较为密切的联系。心理健康教育效果,直接影响到高校德育的效果。一般来说,学生的心理问题往往是与思想问题或道德问题联系在一起的。许多学生正是因为缺乏正确的世界观、人生观、价值观,才容易出现心理问题。心理健康教育必须与德育相结合,才能取得更好的成效。可以说心理健康教育对高校德育工作的有效开展起到重要的作用。同时,德育为心理健康教育提供了更高层次的目标和努力方向,心理健康教育的效果更加突出,二者相辅相成,相得益彰。心理健康教育与德育相互融合,不论对高校德育任务的有效完成,还是对于心理健康教育自身的发展都是十分有益的。

2.心理健康教育有利于培养高校学生健康的心理素质

高校学生心理素质的培养是一项长期的工作,同时又是非常重要的一项工作。高校德育的目标之一就是要培养学生具有良好的心理素质。缺乏对学生心理素质的培养的高校德育很难收到好的成效。将心理教育教育运用于高校德育中,对于培养学生良好的心理素质,将会起到很重要的作用。新时期的德育工作,不仅仅要注重提高高校学生的思想道德水平,而且要注重提高高校学生的心理素质。要达到这一目标,离开心理教育教

育几乎是不可能实现的。

（二）促进"心理教育与高校德育"相结合，提高德育水平

随着社会的发展，高校学生所面临的问题越来越多，尤其是心理问题更加突出。高校学生是一个高素质的群体，但又是一个面临高压力的群体。他们的需求比一般的群体高，承受的压力也比一般群体大。他们对自身寄予的希望较大，同时社会、学校和家庭对他们寄予的希望往往也很大。在这种情况下，他们所遇到的心理问题要更多。面对学生各种心理问题，传统的高校德育很难解决。而高校在开展心理健康教育时必须将其融入德育中，必须坚持以德育目标为导向，才能保证心理健康教育的正确发展方向。把心理健康教育与德育结合起来，可以更深入地认识和了解学生的特点，从而有助于增强思想教育的针对性和有效性。面对新时代出现的新课题，高校德育需要进一步结合心理健康教育，以解决高校学生心理问题为重点，最终达到培养学生健全人格的目的。

四、营造良好的心理环境

在高校德育中，营造一个良好的心理教育的运用环境，对于高校德育工作的开展，无疑有着良好的促进作用。马克思曾说过："有一种唯物主义学说，认为人是环境和教育的产物，因而认为改变了的人是另一种和改变了的教育的产物——这种学说忘记了环境正是由人来改变的，而教育者本人一定是受教育的。"环境影响人，人也影响环境。因此，人可以优化环境，反过来，环境对于人的优化也起到很重要的作用。具体而言，心理健康教育在高校德育中运用的环境包括以下几种：

（一）健康的社会心理环境

高校德育成效的好坏，在很大程度上受社会心理环境的影响和制约，而社会心理环境的好坏又受到社会舆论导向作用的影响。因此，坚持正确的社会舆论导向，对于高校德育工作的开展，营造健康的社会心理环境具有重要作用。

社会舆论对于高校德育的影响在很大程度上取决于信息传播的渠道和速度。过去由于通信技术不发达，社会舆论的传播渠道还比较单一。随着通信技术的发展，社会舆论传播渠道越来越多，传播速度也越来越快，各种社会舆论对高校学生产生极大的影响。

高校学生的接受能力较强，但是辨别是非的能力较弱，错误的社会舆论对高校学生产生极大的负面影响。因此，高校德育工作者就要正确引导学生辨别是非，认清各种错误社会舆论。而政府相关部门也要坚持引导正确的社会舆论，从而为学生营造一个健康的社会心理环境。

（二）健康的校园心理环境

校园心理环境是指校园内部能够影响师生员工心理的环境因素，包括高校的道德风气、学术气氛、校园文化、管理方式乃至高校本身的历史传统等。校园心理环境是高校学生个性形成与发展的土壤，也是高校学生学习和工作的动力来源之一。可见，营造健康的校园心理环境对高校学生心理素质的提高乃至德育实效性的提高都是非常必要的。健康的校园心理环境的营造要做到以下几个方面：

1.建设积极向上的高校校园环境

校园精神是校园文化的最高层次，它是学校的本质和学校办学精神的集中体现，其具体反映在校风、教风和学风等几个方面。

高校校风是高校全体教职员工的工作态度与学生学风的集中反映，它包括师生员工的道德品质、理想信念等方面。良好的校风对于培养学生健全的人格、提高学生的综合素质有良好的促进作用。

教风，指教师的教学风气、学术氛围，是高校培养学生、提高教书育人质量的一个重要因素。它所体现的是教师履行职责的职业道德和思想风尚的高低，以及教师教学水平的高低和治学态度是否严谨。高校教风是教师的知识水平、教学技能乃至道德风尚的综合表现。要形成良好的教风，首先就要提高教师的专业素质。教师的专业素质不高，就难以获得学生的认同，影响教学效果。高校教师在提升专业素质的同时，还要有良好的道德风尚，这样才能起到表率作用，给学生以正面影响。

高校学风是指学生在较长时间的学习过程中形成的一种相对稳定的学习行为和学习风气，是校园精神的主要体现。学风的形成需要较长的时间，其转变也有一定的过程。因此，维持良好的学风，对于调动学生的学习积极性、培养学生健全人格都有极其重要的影响。

2.创建良好的校园文化氛围

高校教育的一项重要任务就是提升学生的文化素质。学生文化素质的提高并不单纯是在课堂中获得的，良好的校园文化氛围对学生文化素质的提高有很大的影响。

校园文化氛围作为高校教育的一个有机组成部分,历来受到教育界的重视。校园文化氛围的创建一般包括文化观展和文化活动两部分。校园中的文化观展形式多样,不论是何种样式的文化观展,都会对学生起到一种熏陶感染的作用,学生在潜移默化中形成良好的道德情操和品质。高校校园文化活动,包括学校组织的各类文体活动,例如各种演讲比赛、辩论赛等。这些活动对于开发学生的智力,提升学生的道德品质都有良好的促进作用。

(三)营造良好的课堂心理环境

在高校德育中,营造良好的课堂心理环境也是相当重要的一个方面。具体可以通过以下几个方面的内容来实现:

1.提高教师的心理素质

教师是教学过程的组织者,课堂心理环境主要是由教师创设的。教师心理健康、精神饱满、准备充分,在课堂教学中不但能有效组织自己的教学语言,做到语言轻松幽默、逻辑严密,还能营造一个良好的课堂氛围。近年来,随着高校教学任务和科研任务的加重,教师受到的压力也越来越大。导致一部分教师出现负面情绪,这种负面情绪带到课堂上,很容易传染学生,使得学生也出现情绪低落。可见,良好的课堂心理环境的创设,首先取决于教师的心理素质。也就是说,只有具备健康心理素质的教师,才能营造良好的课堂心理环境。这就要求教师不仅要提高自己的专业修养,提高自身的知识水平,还要提高自我调节情绪的能力,培养健康的心理素质。

2.创设和谐的课堂气氛

创设和谐的课堂氛围需要做到以下两点:一是提高教师的心理素质;二是建立融洽的师生关系。融洽师生关系的建立,需要教师在了解学生思想、了解学生生活、了解学生心理发展规律的基础上加强与学生的沟通交流。和谐的课堂氛围有利于教师与学生之间进行交流,有利于激发学生的学习热情,有利于学生健全人格的培养。

3.运用心理学知识积极改善教学方法

目前,高校教学主要还是采取传统的讲授法。这种教学方法固然有不少优点,但是其不足也是显而易见的。其中最明显的不足就在于这种教学方法重灌输而轻引导,学生的学习只是被动地接受,而不是主动地吸收。因此,教学效果往往不理想。要想提高教学效果,需要改善教学方法。缴税将心理学知识运用于平时的授课中,会提高教学效果。

缴税将心理学知识运用到教学中,首先要着眼于引导。学生获得的成功体验越多,其持续学习的动机就会越强。如果教师能从学生的实际出发，在讲课过程中善于引导，让学生在学习的过程中不断获得成功的体验，学生就会体会到学习的乐趣，也就会产生持续学习的动机。其次，教师在授课过程中要注重指导。教师要善于指导学生去做，而不只是让学生在台下看。教师的课堂讲授不是为了让学生获得多少具体的知识，而是要教会学生学会学习。学生在教室里度过的时间其实并不多，有相当一部分时间是在自学。高校教师讲课的目的其实是指导学生学会自学，更多的是培养学生的学习能力。一个合格的高校学生应该是善于在自我学习的过程中发现问题，同时也善于解决问题。这样的教学方法才是一种理想的教学方法，才会营造良好的课堂心理环境。

第七章　高校学生人格的发展与培养

第一节 人格的定义与相关理论

一、人格的概念与特点

（一）人格的概念

"人格"一词在生活中有多种含义。有道德上的人格，它指一个人的品德和操守；有法律意义上的人格，它指享有法律地位的人；有文学意义上的人格，它指人物心理的独特性和典型性。心理学认为，人格通常是指个体具有的各种心理特征的综合，包括思维特征、情绪情感特征、能力特征、气质特征、性格特征、行为特征等。

人格是在一定的社会历史条件下，通过社会实践活动形成和发展起来的，主要包括以下四个含义：1.人格是构成一个人的思想、情感以及行为的特有的综合模式，这个模式包含了一个人区别于他人的稳定而统一的思想品质。2.人格是指稳定的行为方式和源于个体内部的人际过程。3.人格是使个体的行为保持一致性，并且区别于相似情境下的其他个体行为的比较稳定的内容因素。4.人格是"稳定的、内部的、一致的和区别于他人"的心理品质。人格存在于个体内部，并不等于外部行为。换言之，人格涉及四个方面：全面整体的人、持久统一的自我、有特色的个人和社会化的个体。人与人之间显著的差别就在于人格。

（二）人格特点

1.独特性

在现实生活中，个体有别于他人的整个精神面貌，说明人格具有鲜明的独特性。个体的人格是在遗传、成长环境及教育等先天、后天多种因素交互作用下形成的。不同的生存及教育环境，会形成各自独特的心理特点；生长教育条件的不同，也会使同一人格品质在不同人身上表现出不同的特点。

2.稳定性

人格的稳定性是指个体的人格特征具有持续性和一致性。一个人的某种人格特质一旦稳定下来，要改变是较为困难。这种稳定性还表现在人格特征在不同时空下的一致性。

3.统合性

人是极其复杂的，人的行为表现出多元性、多层次的特点。人格的组合千变万化，并非死水一潭。各种人格结构的组合千变万化，因而使人格表现得色彩纷呈。在每个人的人格世界里，各种特征并非简单地堆积，而是依据一定的内容、秩序与规则有机组合起来的动力系统。人格的有机结构具有内在一致性，受自我意识的调控。当一个人的人格结构的各方面彼此和谐一致时，他就会呈现出健康的人格特征；否则就会出现各种心理冲突。

4.功能性

人格决定一个人的生活方式，甚至决定一个人的命运，因而是人生成败的根源之一。当面对挫折与失败时，坚强的人能发愤拼搏，懦弱的人会一蹶不振，这就是人格功能的表现。当人格功能发挥正常时，表现为健康而有力，支配着人的生活与成败；当人格功能失调时，就会表现出懦弱、无力、失控甚至变态。

二、现代人格理论

（一）弗洛伊德的人格结构理论

奥地利心理学家弗洛伊德认为，人格包括三个部分：本我、自我和超我。

1.本我

本我是人格结构中最原始的部分，自人出生便已存在。构成本我的成分是人类的基本需求，如饥、渴、性等。本我中的需求产生时，个体要求立即满足，故而从支配人性的原则言，支配本我的是"唯乐"原则。

2.自我

自我是个体出生后，在现实环境中由本我中分化发展而产生，由本我而来的各种需求，如不能在现实中立即获得满足，他就必须迁就现实的限制，并学习到如何在现实中获得需求的满足。从支配人性的原则看，支配自我的是现实原则。此外，自我介于本我与超我之间，对本我的冲动与超我的管制具有缓冲与调节的功能。

3.超我

超我是人格结构中居于管制地位的最高部分，它是由于个体在生活中，接受社会文化道德规范的教养而逐渐形成的。超我有两个重要部分：一为自我理想，要求自己的行为符合自己理想的标准；二为良心，规定自己的行为免于犯错的限制。因此，超我是人格结构中的道德部分，从支配人性的原则看，支配超我的是完美原则。

人格结构中的三个层次相互交织，形成一个有机的整体。它们各负其责，分别代表着人格的某一方面：本我反映人的生物本能，按快乐原则行事，是"原始的人"；自我寻求在环境条件允许的情况下让本能冲动能够得到满足，是人格的执行者，按现实原则行事，是"现实的人"；超我追求完美，代表了人的社会性，是"道德的人"。

在通常情况下，本我、自我和超我是处于协调和平衡状态的，从而保证了人格的正常发展。如果三者失调，就会产生心理障碍，危及个体的发展。

（二）奥尔波特的人格特质

美国人格心理学家奥尔波特将人格特质分为三大类：首要特质、中心特质和次要特质。

1.首要特质

首要特质是指个人最独特的人格特质，它是一个人最典型、最具概括性的特质，影响一个人各方面的行为。

2.中心特质

中心特质是构成个体独特性的几个重要特质，它是构成人格特质的核心部分，在每个人身上有5~10个中心特质。

3.次要特质

次要特质是个体不太重要的特质，往往只有在特殊情境下才表现出来。如有些人虽然喜欢高谈阔论，但在陌生人面前则沉默寡言。

（三）人格结构"五因素人格"模型

根据心理学家艾克森的人格"三因素模型"，一些心理学家提出了人格结构"五因素人格"模型。具体来说，"五因素人格"模型主要包括以下五个方面：

1.外倾性

外倾性是指反映一个人是否具有社会适应能力的人格特质。有代表性的人格特点包括热情、社交、果断、活跃、冒险、乐观等。这一特质的极端表现是：交际与封闭，克制与冲动，喜欢娱乐与喜欢严肃，滔滔不绝与寡言少语，情感丰富与情感含蓄。

2.神经质

神经质是指一个人用理性调控情绪，以提高心理成熟程度的人格特质。有代表性的人格特点包括焦虑、敌对、压抑、自我意识、冲动、脆弱等。这一特质的极端表现是：平静与烦恼，坚韧与脆弱，安全感与恐惧感。

3.开放性

开放性是指一个人广泛地获取新知识，创造性地探索外部世界的人格特质。有代表性的人格特点包括想象、审美、情感丰富、求异、创造、智慧等。这一特质的极端表现是：创新与守旧，勇敢与胆怯，开朗与抑郁，自主与顺从。

4.随和性

随和性是指一个人是否有爱心和同情心、是否尊重他人、是否以自我为中心的人格特质。有代表性的人格特点包括信任、利他、直率、谦虚、移情等。这一特质的极端表现是：温和与暴躁，信赖与怀疑，无私与自私。

5.尽责性

尽责性是指一个人是否具有社会责任心和责任感的人格特质。有代表性的人格特点包括胜任、公正、条理、尽职、成就、自律、谨慎、克制等。这一特质的极端表现是：有序与无序，独立与依赖，热忱与冷漠，谨慎细心与粗心大意，言行自律与意志薄弱。

（四）综合观点

一些心理学家认为，人格即个性，完整的人格包括个性倾向性和个性心理特征。心理过程是人们共同具有的心理活动。但是，由于每个人的先天素质和后天环境不同，心理过程在产生时又总是带有个人的特征，从而形成了不同的个性。

个性心理主要包括个性倾向性和个性心理特征两个方面。个性倾向性是指一个人所具有的意识倾向，也就是人对客观事物的稳定的态度。它是人从事活动的基本动力，决定着人的行为的方向。其中主要包括需要、动机、兴趣、理想、信念和世界观。世界观在个性倾向成分中居于最高层次,决定着人的总的意识倾向。个性心理特征是一个人身上经常表现出来的本质的、稳定的心理特点。

　　心理过程与个性心理都是在社会实践中发展形成的。一方面个性心理是在心理过程基础上形成的,没有对客观世界的认识,就不可能产生情感和意志行动,也就不可能形成个体的个性;另一方面,已经形成的个性心理又能调节心理过程,并在心理过程中表现出来。

第二节　高校学生人格发展的特点及人格障碍与解决

　　高校学生正处于身心快速发展和自我意识发展的特殊时期,因此大学阶段仍然是高校学生人格不断发展的重要时期。具有创造力的高校学生具有以下几点人格特征:勇于创新与开拓,有努力取得成就的坚韧性,热情、自信心强等。然而,随着社会的不断发展,社会文化的多元化,这对高校学生健康人格的形成造成影响。因此,高校学生在人格发展的过程中出现一些问题。

一、高校学生人格发展的特点

　　人格是社会文化的产物。改革开放的社会背景和校园文化氛围使我国高校学生有了更大的适应性、灵活性和更大的发展可能,也为高校学生的人格塑造提供了良好的环境。高校学生随着社会环境的变化而逐步形成自立、平等、开放、竞争等人格特征。

　　当代高校学生在人格发展中呈现出五个方面的特点:

(一)能正确认知自我

　　高校学生能正确认知自我首先是自我认可,即基本上能接受一切属于自己的东西,从而形成对自己积极的看法;其次是自我客体化,能客观评价自己,理解现实自我与理想自我之间的差别。大多数高校学生都有明确的奋斗目标和愿望，并为之努力。

（二）智能结构健全而合理

高校学生智能结构健全而合理是指其具有良好的观察力、记忆力、思维力、注意力和想象力，没有认知障碍；各种认知能力能有机结合并发挥其应有作用。

（三）对社会环境的适应能力较强

当代高校学生对外部世界有着浓厚的兴趣，有着广泛的活动范围和各种爱好，人际交往范围扩大，积极参与各种形式的社会实践。同时，高校学生能容忍别人与自己在价值观与理想信念上存在的差别，能根据事物的实际情况看待事物，而不是根据自己的主观愿望来看待事物。

（四）具有一定创造性和竞争意识

大部分高校学生把事业看成生活的重要组成部分，在事业上有较强的进取心和责任感；具有竞争意识，具有开放性的思想观念，少有保守思想；喜欢创造，勇于创新，甘愿冒险，独立性强，富有幽默感，态度务实。

（五）情感饱满适度

情绪上稳定性与波动性、外显性与内隐性并存，情感丰富多彩，积极的情绪、情感体验在学习、生活中占主导。

这些特点表明，我国高校学生人格发展状况基本良好，高校学生在人格教育方面具有良好的自觉性。

二、高校学生人格障碍产生的原因、类型与解决对策

（一）高校学生人格障碍产生的原因

高校学生人格障碍产生主要有家庭原因、社会原因、学校原因和学生自身原因。

1.家庭原因

家庭是高校学生第一个接触到并且接触时间最长的环境，而父母更是学生的第一任

教师，对学生健康人格的形成具有非常重要的影响。但是，由于一些家庭存在各种不和谐因素，对学生人格的形成出现不良影响，影响其后期发展。高校学生人格障碍产生的家庭原因主要表现在：第一，父母应试教育思想根深蒂固，在学生学习成长过程中，一般都是重智力轻德育，重身体健康轻心理健康，在上大学以前基本不会考虑到学生人格塑造。第二，家长自身素质不高，不能为学生第一站的成长树立一个良好的标杆，潜移默化中学生可能形成以自我为中心、合作能力差，以及责任心不强等缺点。第三，家庭关系不和睦，家庭是在学生成长过程中给予温暖和帮助的地方，但是一些家庭因为父母之间缺乏沟通、经常吵架，这都有可能造成学生的人格障碍，影响学生心理健康的发展。

2.社会原因

随着社会改革进程的逐渐加快，社会环境发生了很大的变化变，对高校学生人格的形成造成很大的冲击。社会形势的快速变化，人们的思想意识逐渐呈现多元化的趋势，加上网络时代背景下的信息大爆炸，学生在学习生活中接触到的信息更多，对其思想意识的形成造成很大影响。高校学生易受社会因素的影响，现在高校学生出现比较严重的拜金主义、享乐主义以及个人主义等问题；高校学生即将面临步入社会，面对就业压力、经济压力等，都会对高校学生心理成长造成重大影响。如果学生不能排解各种压力，不能对各种信息进行辨别，会对自身成长造成不良影响。

3.学校原因

当前随着教育制度的改革，大部分高校对学生的教育逐渐转变为德育，但是因为德育不能与高校学生自身成长现状以及社会发展需要进行有效结合，无论是在课程安排还是课外活动安排，都占用了学生大量的时间。部分学生不能对学校生活进行合理规划安排，没有形成良好生活习惯，久而久之就会出现头疼、焦虑、烦躁、抑郁以及记忆力下降等生理和心理问题，影响学习质量，更严重的会使高校学生产生自卑心理。

4.学生自身原因

学生自身原因也是形成人格障碍的重要因素，例如小时候受过比较严重的精神创伤。儿童时期正是打基础的关键时期，并且大脑心理发育还不完全，在受到强烈的刺激时，很容易形成创伤，对学生心理健康的发展造成不良影响。另外，学生自身调节能力差、自我期望过高等都会影响健康人格的形成。

（二）高校学生人格障碍的类型

1. 自卑型人格障碍

研究表明，自卑型人格障碍多发生在贫困生身上，因为他们与其他高校学生相比需要承担更多的责任，尤其是在经济方面存在问题。自卑型人格障碍主要变现为对自己缺乏信心，认为自己才学品貌等不如他人，不能主动去参与团体活动。一般具有自卑型人格障碍的高校学生缺乏自信，不敢在他人面前表现自己。

2. 自恋型人格障碍

自恋型人格障碍表现在对批评的反应是愤怒、羞愧或感到耻辱；喜欢指使他人，也自高自大，夸大自己的才能，希望受人关注；坚信他关注的问题是世上独有的，不能被人了解；认为自己应享有他人没有的特权；渴望他人持久的关注与赞美；缺乏同愉心；有很强的嫉妒心。

3. 压抑型人格障碍

压抑型人格障碍的特点是冷静、严肃、认真，多愁善感，常有强迫色彩，遇到挫折易消极，自卑自责，对事情易作悲观估计；同时由于过分迁就他人而故意压抑自己的情绪，即使心里不满或不同意，也不会表达出来，把不愉快的经历和体验潜抑到无意识中，不去回忆、主动遗忘。这种人格障碍多存在于内向型人格中，由于缺乏情感交流或流露，过分压抑自己负面情绪，高校学生容易进入压抑状态。

4. 冷漠型人格障碍

冷漠型人格障碍是指由于信息泛滥或自身的素质，对待身边或外界的人或事持冷漠的态度，总是持一种事不关己的态度。这种人格障碍其实是对自己的存在缺乏一种自觉性。一方面。现代社会信息剧增，高校学生往往感到自身的渺小与无力，个体丧失了与他人的感通性，因而出现冷漠的情况。

5. 适应性人格障碍

适应性人格障碍指由于适应不良而造成的人格障碍。它主要表现为失落感，主要是指学生对某一事件前后的自身感受、评价等强烈反差而形成的一种内心体验。适应性人格障碍更多地出现在大一新生或大四毕业生，因为他们面临着一个新的生活环境，容易受到挫折。

6. 焦虑型人格障碍

焦虑型人格障碍的特点是懦弱胆怯，容易惊恐，敏感羞涩，对任何事情都惴惴不安，面对新环境、新情况易产生焦虑反应。

高校学生在生活、恋爱、学习、工作上受到挫折和其他伤害后,容易产生焦虑心理。出现紧张不安、心烦意乱、惶恐、思维迟钝、心跳加快、易怒,出汗、头痛失眠、食欲不振等心理、生理上的不良反应。这种反应在正常人中也时有发生。

7. 强迫型人格障碍

强迫型人格障碍的特点是固执刻板,墨守成规,不会随机应变,常犹豫不决,对自己要求过高,但又缺乏自信,容易产生强迫性症状和焦虑忧郁心理。这类人往往自信心不足,总有一种做事不完善的感觉,遇事循规蹈矩,墨守成规,很少创新。由于他们凡事都追求尽善尽美和完整精确,因此,不论做什么事情都要反复核查、怕出差错。他们还经常要求别人根据自己的思维方式和习惯行事,有时对他人造成困扰。

8. 依赖型人格障碍

依赖型人格障碍是高校学生日常生活中较为常见的人格障碍,它的主要特征是:无主见、无助感、被遗弃感、无独立感、过度容忍、害怕孤独等。依赖型人格障碍的产生源于人的自身发展的早期。依赖型人格障碍的人总是依靠他人来做决定,不能承担完成各项任务及工作的责任。这种人格障碍更多存在在独生子女中,父母的溺爱,子女过于依赖父母,少有自主和自立的机会。久而久,就会产生对父母或权威的依赖心理。

(三)高校学生人格障碍解决对策

1. 外界因素

首先,应该改变社会风气,维护好社会秩序,为学生成长提供一个良好的环境。针对这一点,国家可以制定相应法律法规,发动社会团体或者组织关注高校弱势群体,对贫困生进行一定帮助,并且积极发动学生参与心理健康教育活动,例如拓展训练等。在法律方面,要给高校大学生,尤其是未成年人更多的保护,避免由于身体损伤或精神损伤对其造成心理伤害,对于已经发生的伤害,则要及时给予学生有效的心理疏导,积极开导,以提高学生的心理健康水平。其次,家长应该重视对孩子的人格培养,加强自身素养的提升和营造良好的家庭环境,如夫妻之间要相互谦让、相互爱护,为学生成长提供一个温馨的环境。同时,家长在教育孩子时,应该选取合适的教育方式,以理服人代替体罚,积极培养孩子自立、自强的意识,使其在成长过程中具有自信,能够积极面对生活学习中的困难。最后,学校应该建立完善德育教学制度,加强心理健康教育力度,一方面促使学生重视健康人格形成的重要性;另一方面加强对存在人格障碍学生的辅导,针对不同学生存在的不同问题进行分析和解决。另外,学校还应加强学校人文环境的创建，使每个学生在学习生活中都能感受到来自同学、教师的重视爱护，提升其自信心。

2.学生因素

第一，认识自己，接纳自己。学生想要形成健康的人格，首先要做的就是要肯定自己，能够正确评价自己。因此，学生应该学会科学的思维方式，全面客观地了解自己，对自身的优缺点都有明确的认识，进而才能有针对性地提高。第二，学会控制情绪。情绪变化是人格特征的一种具体反应，学生应该做到有效调节自身情绪，对不良的情绪要找到有效的排解方式，避免过分压抑自己。第三，提升环境适应能力。高校学生在学习生活中，应该积极参与各种社交活动，并加强对自身行为习惯的培养和训练，在人际交往过程中认可自己、提升自己，不断提升自己的行为能力。

3.其他因素

高校学生人格障碍如果不及时加以辅导和治疗，极有可能发展成为疾病。因此，对于人格障碍情况比较严重的学生还可以采取物理治疗、心理咨询等方法，现代医学证明药物可以对人体的神经系统性能产生影响，进而可以加强对学生情绪、行为的控制。例如，情绪不稳或易冲动的学生可以使用锂盐、情绪稳定剂以及百忧解等药物。但是在使用药物时必须要在专业医生的指导下使用，想要更深层次地解决学生人格障碍问题，还需要社会、家庭以及学生自己的努力。

第三节 高校学生健全人格及其培养

一、人格健全的标准

人格健全或心理健康的标准众多，目前心理学界主要有四种健全人格标准的模型。

（一）"成熟者"模型

美国人格心理学家奥尔波特在研究具有"高心理健康"水平的人的基础上，提出七种人格健全的标准：有自我扩展的能力；与他人热情交往，关系融洽；情绪上有安全感，自我接纳；具有现实性知觉；客观地看待自己；有多种技能，并专注于事业；行为具有一致性。

（二）"自我实现者"模型

美国人本主义心理学家马斯洛，对"自我实现者"进行了深入研究。马斯洛从"自我实现者"身上归纳出15种特点：了解并认识客观现实，持有较为实际的人生观；对自己、对他人、对整个自然能够做到最大限度地认同和接纳；在情绪与思想表达上较为自然；有较广的视野，就事论事，较少考虑个人利害；喜欢独处，有超俗的品质；有独立自主的性格；对平凡事物不觉厌烦，对日常生活保持新鲜感，并有高品位的鉴赏力；对事业与生活富有激情，常有高峰体验；能建立持久的友谊；民主的价值观，尊重别人的意见；有伦理观念，能区别手段与目的，绝不为达到目的而不择手段；带有哲学气质，有幽默感；有创见，不墨守成规；对世俗，和而不同；对生活环境有时时改进的意愿与能力。

（三）"五因素人格"模型

"五因素人格"模型提出的健全人格标准主要有以下几点：

1.外倾性

正面表现为健谈，好表现，面部表情丰富，并喜欢做出各种姿势；果断，好交友，活泼，富有幽默感；容易激动，好刺激，趋向于好动，乐观。

2.宜人性

正面表现为善于为别人着想，似乎总是在与别人互动；富于同情心，直率，体贴人。

3.责任感

正面表现为行为规范，可靠，有能力，有责任心；总是能把事情做好，处处让人感到满意。

4.情绪性

正面表现为情绪理性化，冷静，脾气温和，满足感，与人相处愉快。

5.开放性

正面表现为对新鲜事物感兴趣，尤其是对知识、各种艺术形式和非传统观念的赞赏；勤于思考，善于想象，知识丰富，富于创造性。

二、人格健全的人的特点

国内外的研究表明，健全人格是各种人格特征的结合，综合起来有以下特点：

（一）内部心理和谐发展

人格健全者的需要和动机、兴趣和爱好、智慧和才能、人生观和价值观、理想和信念、性格和气质都向健康的方向发展。他们的内心协调一致，言行一致，能正确认识和评价自己的所作所为是否符合客观需求，是否符合社会道德准则，能及时调整个体与外部世界的关系。

（二）人格健全者能够正确处理人际关系

人格健全者在人际交往中显示出自尊和他尊，对他人的理解和信任、同情和人道等优良品质。人格健全者的人在日常人际交往中既不随波逐流，也不孤芳自赏，能够使自己的行为与朋友、同事、同学协调一致。

（三）人格健全者能有效地运用智慧与能力

人格健全者在学习、工作中被强烈的创造动机和热情所推动，并且与他们的能力有效地结合起来，从而使他们勇于创造，善于创造，有所发现，有所发明，有所建树。成功又为他们带来满足和喜悦，并形成新的动机和兴趣，使他们能够得到良性发展。

三、高校学生健全人格的培养途径

人格受内因（个人）和外因（社会、家庭和学校）的共同影响。因此，人格培育是一项系统工程，需要各方面共同努力。健全人格的培育应关注学生的全面发展（即全面性）、个性发展（即差异性）和主动发展（即主体性），树立"人格是最高学位"的认识。因此，高校应通过以下途径，培养高校学生健全人格。

（一）转变教育理念，树立新型"人格本位"的人才培养观

为有效培育高校学生健全人格，必须转变我国长期实行的"重智能、轻人格"的教

育模式，打破"知识本位论"，树立新型"人格本位"的人才培养观。坚持以育人为中心，把培育健全人格作为人才培养的核心目标，渗透学校各项工作中。真正做到"教书育人（在课内外各类教学过程中渗透人格知识）、管理育人（在学生日常生活等管理中培育健全人格）、服务育人（在后勤、就业服务等环节开展人格教育）"，形成培育健全人格的教育合力。广大教师必须以人为本、因材施教，充分尊重学生的独特个性，主动满足学生全面成长需求，激发学生主动创造性，以社会主义核心价值观为引领，切实提高人格培育的针对性和实效性。

（二）拓展网络思政教育的方式，渗透人格教育

积极拓展网络思政教育方式。充分利用网络教育功能，加强网络舆论引导能力，增强学生网络道德意识，坚持网上引导和网下教育相结合，引导学生文明上网、正确利用网络资源。积极利用网络开展思政教育和道德教育，利用博客、QQ 群、视频等网络工具进行教育管理。进一步加强典型示范教育。弘扬正能量，以正确的舆论引导、激励和教育学生。一方面通过文明班级、"六好寝室"、三好学生、优秀学生干部、军训先进个人、军训先进助教、奖学金、道德标兵等评比等活动，树立各级各类典型，培养集体凝聚力、个人荣誉感和争优创先的积极导向；另一方面通过邀请道德标兵、优秀校友、创业先锋等来校举办励志、成才、乐岗、创新、奉献等主题的讲座，传播正能量，激励高校学生学习榜样，全面健康成长；以典型为范例，深入开展诚信教育、好习惯教育及创业教育。务实谈心制度。继续规范和实施全员（辅导员+班主任+导师+任课教师）谈心制度，做到每生每月必谈，"四困（学习、经济、心理和就业困难）群体"重点谈，发挥情感激励的积极作用。教师通过谈心主动了解学生的学习、生活、思想等情况，并尽力解决学生在成长中遇到的各种问题，教师在潜移默化中感染和影响着学生人格的养成。

重视渗透人格教育及相关课程建设。学校应积极开设人格教育课程，充分挖掘课堂教学中有关人格教育的内容。积极探寻各专业课程与人格教育的结合点，编写人格健康渗透教育教材，进行人格健康渗透教育。加强人文教育、培养人文精神，也可融入现有的各科教学，以培养高校学生的自信心及创造力。

充分开展主题教育。主题教育同样是健全人格教育中的重要一环，每学期有目的、有计划地举行有关人格健康教育的专题讲座。如考试前的诚信教育、爱国主义教育；通过各类竞赛促进健全人格教育，通过精心设计流程，巧妙融入健全人格教育，为学生提供展示自我、锻炼自我、发挥特长、彰显个性、涌动创新的平台，在活动中教育与滋养

学生人格。

（三）充分发挥优秀教师人格感染作用

教师不仅要用智慧启迪智慧，还应该用人格去塑造人格。加强师德师风建设，教师以满腔的激情、全身心投入，敬业奉献、勇于创新的精神，让学生感受教师可亲、可信、可敬的人格魅力，从而达到潜移默化的人格教育的目的。教师在日常生活中应注重自身人格修养，以实际行动去影响和培育学生的健全人格的形成。

高校要通过校报、网站、宣传栏等媒介加大对各级各类教学名师、师德师风标兵、优秀教师、优秀共产党员等先进事迹的宣传，通过模范示范引领和感染学生。学校的全体教职工都要自觉树立"育人为第一要务，育人先育德，育德靠人格"的教育理念，将人格培育渗透到课堂教学、实践活动、管理服务及日常事务等工作中。

（四）打造健康积极的校园文化氛围

积极向上的校园文化氛围对高校学生良好的人格素养、行为规范和生活方式的养成具有潜移默化的导向和构建作用。高校要根据实际打造具有地方文化特色的"书香校园"，弘扬中华文化思想精华、道德精髓，努力做到以文化人、以文育人。加强校园环境（包括教室、办公室及实验室、宿舍等，以及宣传栏、陈列室等）文化建设，如可以张贴悬挂与专业相关的名言警句、伟人逸事、先进典型等，充分发扬环境对人格培育的积极作用；加强校园道德风尚建设，构建良好的校风、教风、学风、考风、行政作风，努力营造"风清气正、健康向上"的文化氛围；积极开展健康丰富的校园文体活动，让学生在健康、文明、高雅的校园文化活动中获得知识、增长能力、体验快乐、增进交往与友谊，养成乐观宽容、开放创新、健康向上的心态，学生的人格在潜移默化中升华。

第八章 网络环境下高校学生心理健康的教育模式与策略

第一节 网络环境下高校学生心理健康教育模式的构建

一、高校学生心理健康教育网络模式构建的现实意义

（一）时代的迫切需要

很多高校学生心理问题的产生与外界因素密切相关，如社会文化、时代背景等外在环境因素。当前我国正处于社会变革的关键时期，随着社会科技、经济和信息技术的飞速发展，社会变革加快，社会环境日益复杂。社会变革加速了高校学生在思想观念、行为方式上的变化。

在当今日益变化、迅速发展的现代社会对高校学生的心理带来了极大的压力，不少高校学生出现心理问题。因此，高校学生的心理问题成为亟待解决的问题之一，加强高校学生心理健康教育势在必行。

然而，传统的高校学生心理健康教育模式无法满足时代对高校心理健康教育的需求。传统的高校学生心理健康教育主要是教育者根据学生的心理发展的特征和生理上的特点，结合教育学、心理学相关的知识和理论，通过开展心理健康教育课程，对学生进行心理辅导、心理咨询和优化心理健康教育环境等有关心理健康教育的途径和方法，帮助高校学生解决成长过程中遇到的心理问题，促进学生心理素质提高和心理机能的健康发展。传统高校学生心理健康教育模式的基本形式是在教育教学的全过程中进行渗透，主要是开设专门的心理健康课并开展心理辅导与咨询活动，基本上是以教师"教"为主，把教育过程变成单纯"知识继承"的过程。虽然这种模式能够在较短时间内让学生掌握

心理学的理论和概念，但忽略了学生自主学习的主动精神，把心理健康教育过程变成了教师表演的舞台，而学生则成为观众，处于比较被动的地位，这样难以达到比较理想的教学效果，更不可能培养出心理健康教育方面的创新型人才。基于网络环境下的心理健康教育模式，不仅继承了传统教学模式中教师指导作用的优点，而且利用网络教育平台，为学生提供丰富的心理健康学习资源，同时克服了传统教育中缺乏创新性的问题，加强对学生自主学习能力和创新思维的培养，将心理健康教育过程变成了师生交往、互动的过程，变成了引导学生探究心理学知识，培养心理能力的场所，顺应了素质教育的需要。

因此，利用网络的灵活性、生动性和互动性等特点，开发高校学生心理健康网络教育平台，在自由、平等、开放的网络环境中培养高校学生形成健康的认知、情感、道德情操，建设高校心理健康网络教育主阵地，对高校学生心理健康发展有深远的意义，是时代发展的必然要求。

（二）全面推进素质教育和发展创新人才的需要

我国教育界自二十世纪八十年代末以来，对素质教育的理论和实践进行了大量的研究，素质教育已成为统领整个教育全局的教育指导思想。全面实施素质教育，其核心是解决好培养什么人、怎样培养人的重大问题，这是成为教育工作的主题。

高校担负着培养现代社会高素质人才的重要使命，高校学生心理健康教育是影响高校人才培养工作的重要因素之一，而高校学生心理健康教育对高校学生整体心理健康水平的提高又起着关键作用。高素质人才不仅要有良好文化道德素质、身体素质，而且要有良好的心理素质。良好的心理素质直接关系到人才培养的质量，直接影响到人才的各种能力的培养和开发。因此，良好的心理素质是成为高素质人才的重要基础。心理素质在人的基本素质的获取或形成中起着关键的作用，因为良好的心理素质是培养其他素质的基础，良好的心理素质可以促进其他素质的形成。因此，高校学生心理健康教育工作越来越受到社会的重视，加强高校学生心理健康教育是全面推进素质教育和培养创新人才的需要。

在信息网络时代，高校学生心理健康教育需要不断创新，需要与时俱进。高校应利用网络优势，建立网络教育平台，提高高校学生心理健康教育的效率，高校学生的素质和能力得到全面的发展。因此，重视和加强高校学生心理健康教育是推进素质教育的必然要求，是培养全面发展创新人才的迫切需要。

(三）满足学生成长成才的迫切需要

以学生为本是构建高校学生心理健康教育网络模式的核心理念。以学生为本的高校学生心理健康教育网络模式是以提高高校学生的心理素质、促进学生心理健康、培养学生健全人格、促进学生全面发展为目标；根据高校学生的心理发展特点，运用心理学的理论，整合校园网络信息技术，开展高校学生心理健康教育的系统。构建以学生为本的高校学生心理健康教育网络模式符合现代教育理念。按照现代教育理论，教育的核心问题是人的问题。教育的实质问题是关于学生如何存在、如何生活、如何去探寻和构建人的生活的问题。从这个意义上说，高校学生心理健康教育网络模式构建的关键在于对高校学生的关注，以高校学生为根本，融入高校学生的生活、成长、成才的每一个环节。构建高校学生心理健康教育网络模式是培养高素质人才的迫切要求。高校担负着培养现代社会高素质人才的重要使命，而高校学生心理健康教育网络模式的构建对高校学生整体的心理素质的提高起着非常重要的作用。高素质人才不仅要有良好的文化道德素质、身体素质，而且要有良好的心理素质。人的素质结构中最基础的素质就是心理素质，它渗透其他素质中，对其他素质的发展产生影响和制约。从人才学的观点来讲，心理健康是学生成才的基础。作为现代社会的年轻人，如果没有一个健康的心态，没有较强的心理承受能力和较高的心理素质，就很难在社会立足。

构建以学生为本的高校学生心理健康教育网络模式是高校学生健康成长的迫切需要。从发展心理学的角度看，高校学生正处于人生发展阶段的关键时期。在这一时期，高校学生在人格上逐步完成从青年向成年人的过渡和转变，从而建立起自己的稳定的人格结构；在心理上和经济上逐步脱离对父母和家庭的依赖，从而走向成熟与独立。高校学生在成年初期会面对各种发展机遇，同时也要面临各种人生的问题。如怎样对待挫折和困难、如何适应社会环境、如何调整人际关系、如何改变不良心态等，这些问题必然会给高校学生带来各种情绪，如悲观、苦恼、失望、喜悦、兴奋等，并且这些情绪会一直伴随着高校学生的成长。这样，就从客观上决定了高校必须认真分析影响学生心理健康发展的各种因素，主动关注学生的心理健康，努力提高学生的心理素质，构建以学生为本的高校学生心理健康教育网络模式。

（四）加强改进高校学生思想政治教育工作的迫切需要

在高校德育工作中，高校学生心理健康教育工作是重要组成部分之一，是加强和改进高校学生思想政治教育工作的重要任务。二十一世纪初，我国教育部在《关于加强普通高等学校大学生心理健康教育工作的意见》中明确指出,加强高校学生心理健康教育工作是高等学校德育工作的重要组成部分。这是心理健康教育在高校德育的地位首次以教育部文件的方式得以确认。

心理健康教育和思想政治教育分属于两个独立的学科,心理健康教育主要是运用心理学的专门知识和技术,解决心理问题,维护心理健康;思想政治教育则主要改变人们的思想实际,帮助人们树立正确的世界观、人生观、价值观,树立崇高的理想和坚定的信念。虽然两者的工作重点和具体的操作都有一定的差别,但随着网络时代的到来,网络在两者中的广泛运用,使得两者的关系逐渐紧密起来,形成了相互依赖、相互促进的格局。高校学生良好的思想政治品质的养成和健康心理的形成有着十分紧密的联系:一方面,良好的思想政治品质是塑造健康心理的基础,个性心理发展的方向受到主体思想的支配;另一方面,好的心理状态是接受思想政治教育的前提,个体的思想养成受个体的心理发展的影响和制约。也就是说,外在的思想政治教育能否内化为高校学生的自身需要,主体的自我意识、情感、性格等心理素质和心理状态起着决定作用。然而,这种思想政治教育内化不是思想政治教育自身就能完成的,它需要心理健康教育的支持和协助。人们的思想意识、道德品质问题与心理问题往往是同时存在的,心理问题和思想问题交织,解决思想问题必须与解决心理问题结合起来。因此,在对高校学生开展心理健康教育的过程中,可以同时对高校学生进行思想政治教育,发挥心理健康教育的德育功能。

高校学生网络心理健康教育网络模式的构建,是有效提高心理健康教育实效性的重要技术手段,属于心理健康教育模式的拓展应用。所以,构建高校学生心理健康教育网络模式同样与思想政治教育工作紧密联系,是高校德育工作的重要组成部分,这就必然要求在加强和改进高校学生思想政治教育工作中重视与加强高校学生心理健康教育网络模式的构建。

二、高校学生心理健康教育网络模式构建的基础与依据

(一)高校学生心理健康教育网络模式构建的意义

高校学生是整个社会最富朝气、最具创造力和生命力的群体,他们是祖国的未来、民族的希望。随着科技的飞速发展和社会竞争的加剧,个体的生存压力越来越大,高校学生的生理和心理问题也越来越多,给他们的成长带来的负面影响也越来越大。因此,

重视高校学生心理健康教育,已经成为当今世界各国教育的共同课题,也成为我国高等教育发展的必然趋势。

当前我国高校通行的教育模式不适合心理健康教育,这并不意味着传统的教育模式是落后的,因为这种教育模式在目前高校的学科教育中效果较好。但是对于高校学生心理健康教育来说,我国现行的高校教育模式有它的局限性。具体表现在几个方面:

首先,现行高校教育模式的重点是放在课程、学科设置、校园文化建设、师资队伍建设,以及提高学生研究创新能力等方面,强调学生的"学"。但是心理健康教育不能仅靠学生的"学",而是需要教师与学生共同努力。心理健康的知识是需要教师通过自己的知识和丰富的社会阅历帮助学生,才能使学生获得良好的学习效果。其次,当前教育模式的教育内容更多地体现为理论层面上,而真正操作层面的内容比较少。心理健康教育目的是学生通过对心理学相关知识的掌握来更好地提升自己的心理素质,而对心理学相关知识的认识并不是学习足够的理论知识就可以的,是需要通过持续的实践才能实现的;再次,现行的教育模式基本上是以考试的形式来检验学生的学习效果,但心理健康教育不能仅通过考试的形式考查学生的学习效果,对心理学知识的掌握并不是心理教育的唯一目标。

当前高校学生的心理成长有不同于以往高校学生的特点,而且心理健康教育不同于一般的学科教育,当前心理健康教育模式并不适应时代的发展和要求。因此,根据心理健康教育的特点,构建高校学生心理健康网络教育模式,对落实心理健康教育并取得实效,减少高校学生的心理问题,帮助高校学生健康成长,以及改变我国心理健康教育领域研究相对薄弱的现状有重要而深远的意义。

(二)高校学生心理健康教育网络模式构建的理论基础

高校学生心理健康网络教育模式属于一种创新的教育模式,其核心在于"德心共育"的教育理念,重点在于教育模式的构建与运行;现实依据是当今高校学生的心理接受特点,而其实现教育目标的理论移居源于接受机理理论。从学理和内在逻辑上看,构建高校学生心理健康教育网络模式,应在"德心共育"的教育理念指导下,深刻剖析当代高校学生的心理接受特点,综合各方面学科的知识,形成全面合理的学理基础,为高校学生心理健康网络教育模式的构建打下坚固的理论基础。

1."德心共育"的教育理念

"德心共育",即德育与"心育"相融合。"德心共育"的内涵是在开放的教育环境中，以发展教育思想为主导，整合各种教育资源，既灵活运用德育的方法，也巧妙借助心理学的原理、方法和手段，解决德育工作中存在的问题，将德育与"心育"科学结合，兼而施之，相互借鉴、互为转化，寻求最优化的"交融和渗透"。"以德养心，以心存德，德心共育，德心交融"是德心相融的理想境界。德心相融，最终形成德心美，较好地体现了以学生为本思想，是一种至善、至真、至美的教育。

实现德育和心理健康教育的双向结合应做到以下几点：

第一，德育应从心理健康教育中吸取有益的成分，融入德育工作，为"我"所用。具体说来有以下两点，一是德育应真正将对学生心理品质的培养作为自己的目标和内容，把心理健康的相关内容看作德育工作目标和内容的拓展与延伸，使德育工作在关注社会对个人的政治、思想、行为等方面影响的同时，更加重视学生的心理需求。德育工作者应更新德育观念，充分尊重学生在品德形成中的主体地位，树立心理健康教育的理念，为有效实施道德教育提供良好的心理背景。二是德育可以从心理健康教育中移植一些方法作为新途径，以提高德育工作的成效。

第二，心理健康教育应该依靠德育为自己引导方向。心理健康教育应主动在心理健康教育实践中渗透正确的世界观、人生观和价值观，从而使学生的心理健康发展既有更坚实的后盾，又要通过丰富的德育实践来增强学生的心理承受能力，磨炼意志品质，从而提升学生的心理素质。德育实践不仅能考验学生的道德水平、法律意识及思想境界，还能从学生的矛盾冲突中锻炼他们的心理调适能力。

第三，应把健全人格的构建与培养作为德育与心理健康教育有机结合的最佳"切入点"。这是因为首先健全人格的构建和培养是德育与心理健康教育的共同目标。心理健康教育的根本目的是培养学生形成健康的人格，而德育的最终目的是培养出既具有符合社会要求的高尚情操，又具有主体意识、健全人格和个性才能的人。其次，通过健全人格的构建与培养，对高校学生进行人格教育，可以把道德认识、道德情操、道德行为统一协调起来。人格健全是个体心理健康的核心，而良好的道德品质的形成过程在实质上也是健全人格的形成过程。

2.接受机理理论

反应状态。高校学生主体的感觉系统对网络中的心理健康教育信息做出反应，移入大脑，是外来信息在主体意识中形成相对应的观念形象。这是接受活动的起始环节，是网络上的心理健康教育信息接收的准备阶段。

接受状态。大脑把外来的心理健康教育信号所具有的物理信息转化为思想信息进行接收,但并未涉及思想信息的潜在意义,也未涉及信息意义的不确定性。接受状态受心理准备状态的影响。

解读状态。个体对已接受的思想信息,做出自己的解读。这是对外来的心理健康教育信息的对应状态,是由感性反应向理性反应的过渡,即产生第一印象。对心理健康教育信息的解读,受到以需要和认知为基础的两种因素影响。

筛选状态。这是接受、解读后对心理健康教育信息的分解、选择过程,这是高校学生主体的理性反应。高校学生主体根据对心理健康教育信息的解读与自身的需要,对心理健康教育信息进行筛选,进入思想。每个人有自己的筛选标准。

整合状态。整合状态即对心理健康教育信息的容纳、加工与整合,进而产生自己思想的重构过程。如果只关注新的心理健康教育信息的获得,而忽视新知与已知的整合、重构,学生对心理健康教育的信息的接收则难以充分。一般说只有外来心理健康教育信息与已有知识产生共鸣,在思想的作用下,才能产生对自身心理状况的新知。

化解状态。心理健康教育信息经过加工整合,转化为自己新的思想认知结构以后,接受活动并未停止,后续接受活动仍在进行。化解状态分为三个部分:一是内化,经过接受者的自省、反思过程,内化为情感,融入意志、信仰等主体意识,使认知深化,出现稳定性的思想状态。二是经过社会生活的验证,转化为自己的社会行为方式;在劳动、人际交往、生活的各个方面表现为行为习惯,转化为接受新事物的预备状态。三是外化,融入人群、社会,影响周围的人,扩散为社会意识和行为,表现为新的思维释放与吸纳。

(三)高校学生心理健康教育网络模式构建的实践基础

目前我国各个高校心理健康教育的网络化正处于良好发展的态势,心理健康教育的理念在各个学校的校园网络平台中都得到了很好的体现。学校为高校学生的全面发展提供了良好的网络环境,营造了积极健康的教育氛围;目前所有高校均设有专业的心理健康教育的网站,有专业的心理咨询人员,部分高校还有学生自发组织的网络心理社团,用来帮助心理方面出现问题的同学;在网络课程设置方面,在思想政治理论课和其他课程中,都涉及这一方面的内容。教师在各种场合都会强调生命、实现人生价值的重要性。这为开展高校学生心理健康教育网络模式创新提供了很好的基础。

由于我国网络信息技术的发展起步较晚,目前我国高校在利用网络进行心理健康教育的过程中还存在不少问题:第一,网站的更新速度慢。当前人们生活和工作的节奏越来越快,如果高校学生心理健康教育网站上内容更新速度跟不上时代发展的步伐,这样的心理健康教育网站起不到应有的作用。很多学生的问题不能随时得到解决,会带来非常严重的后果。第二,互动性不足,教育形式单一。部分高校心理健康教育网站,有着比较完善的整体框架,有较多的网络教育板块,例如心理测验、心理论坛、网上心理咨询、留言板等。但是这些板块在内容呈现方式单一,多以纯文本的形式存在,只有少量的音频、影视资料等形式,但是这些多媒体的形式很少,这样就使学生觉得枯燥无味,因此网站的访问量不高。第三,部分网站内容不全面,没有联系实际。从心理健康教育网站的板块内容看,内容不少但对学生真正有价值的信息却不多。网站大部分心理健康教育网站的重点是向学生们提供一些关于心理学方面的知识和理论,以及心理咨询的案例和心理疾病的预防等知识,很少涉及高校学生关心的问题,如学习、人际、情感与情绪、择业与就业等,因此缺乏对学生的吸引力。

(四)高校学生心理健康教育网络模式构建的现实依据

1.高校学生心理的独立性增强

随着社会主义市场经济的发展,高校学生自主、自立、自强等意识逐渐增强。因此,在对高校学生进行心理健康教育时,必须尊重高校学生的个性,采用高校学生能够接受的方式与途径,利用网络丰富的表达方式,引导高校学生学会关心自我、关心他人、关心自然、关心社会,热爱生命,理解生命的意义,提高心理素质。

2.高校学生心理的多变性

人的思想从来就不是一成不变的,总是随着社会实践的改变而改变,在社会转型的活跃时期,人的思想活动的变化显得尤为突出。当前高校学生思想活动的多变性,也是符合这个时代的特征的。在利用网络对高校学生进行心理健康教育时,必须保持敏锐性、洞察力和针对性,随时关注高校学生心理变化的最新动向,及时发现苗头性的问题。要以科学的预测性和网络传播渠道去适应高校学生思想活动多变性的特点,引导高校学生随着社会实践的深入,不断补充、修正、丰富自己对自身心理发展的认识,使高校学生的人生观、世界观、价值观向积极健康的方向发展。

3.高校学生心理的选择性增强

随着现代科技的发展,信息传播工具和传输手段越来越多,现代传媒加上传统传媒,为高校学生提供了大量的信息,形成了一个巨大的信息"买方市场"。随着高校学生独立性的增强,这种选择表现为一种自主性的选择。直接影响高校学生信息选择的因素,一个是高校学生的接受心理,一个是被选择对象的吸引力。高校学生思想活动选择性的特点，对心理健康教育的工作提出了更高的要求，需要心理健康教育工作增强"阵地"意识，一方面要研究高校学生的接受心理，利用现代科技手段增强渠道信息的吸引力；另一方面，对一些会导致高校学生产生错误的观念和认识的信息进行及时而有效的遏制，减少这些负面信息对高校学生的影响。

4.高校学生心理的非理性特征

高校学生心理的非理性特征是指高校学生对问题缺少理性思考，对任何事物抱一种无所谓的态度，不讲原则，或者在处理问题时易冲动，感情用事，情绪处于一种浮躁的状态。在我国社会经济发展处于转型期的大背景下，高校学生的心理受到极大的压力，容易产生强烈的孤独、焦虑和不安情绪。这就要求心理健康教育工作者努力提高教育质量，通过预防教育，提高高校学生的自我保护意识和生存能力，提升他们的心理素质，防范可能发生的危害。同时，对已经出现问题的学生，进行科学有效的心理干预。

第二节 网络环境下高校学生心理健康教育策略

一、网络环境的特点及其对高校学生心理健康教育的影响

（一）网络环境的特点

计算机网络技术包含计算机技术和通信技术，它是这两种技术密切结合的产物。计算机网络将地理位置不同的具有独立功能的多台计算机及其外部设备，通过通信线路连接起来，在网络操作系统，网络管理软件及网络通信协议的管理和协调下，实现资源共享和信息传递的计算机系统。互联网，又称国际信息互联网络，特指集通信网络、计算机、数据库以及日用电子产品于一体的电子信息交换系统，它能使每个用户随时随地地将文本、声音、图像等传递给设有终端设备的任何地方、任何个人。从网络技术的角度来说，网络具有数字化、信息化、无中心化、高效化、多媒体化、全球化的特点。从网络社会的角度来说，网络平台主要特征有：信息传输的互动性、网络时空的虚拟性、网

络行为的匿名性、共享资源的丰富性、价值观念的多元性、利益主体的多样性等。

1.信息交流的互动性

交互性是网络的主要特点之一。网络信息改变了以往书籍报刊等印刷信息和广播电视等电子信息的单向传递方式，具备同步的双向交流方式。网络信息一般具备双向传递功能，即用户在接收到相关的网络信息后可针对该信息随时向该信源提供反馈。互联网的实时互动和异步传输并举的技术结构彻底改变了信息的传播者和接受者的关系。任何网络用户既是信息的接收者，同时也可以成为信息的传播者，并可以实现在线信息交流的实时互动。

2.交流空间的虚拟性

互联网的存在状态是无形的，在网上的交流中，人们看到的和听到的文字、形象、声音和场所都变成了数字的终端显现，形成了电子网络空间，而非现实的物理空间。网上交流的角色、内容、网际关系等都具有虚拟性，交流对方的一切真实信息，都无从知道，因而网络是一个充满幻想的虚拟世界。

3.信息传播的开放性、广泛性

互联网是一个四通八达，没有边界，没有中心的分散式结构，它体现的是自由开放的理念和设计原则。任何人只要拥有一台计算机和简单的上网设备，就可以接入互联网，向世界发布信息，传播自己的观点和理念，同时也可以选择自己喜欢的信息和内容。在这里，信息跨越了时空界限，实现了自由流动。

4.信息服务的直接性

网络追求高速度、高可靠和高安全性，采用多媒体技术，提供文本、声音、图像等综合性服务。多媒体化的信息、突破线形限制的超链接方式、网上各种资源的共享，让用户可以通过搜索引擎和智能代理在网络终端随时随地获取信息，不需要任何人、任何组织机构的转手，而且网络多媒体信息直接冲击着人的两大主要感官：视觉、听觉，很容易在用户个体身上直接发挥作用。

5.网络服务的全天候

网络服务超越了时空限制，任何人在任何时间段都可以从网络上共享海量的信息。即只要网络运行无故障，网络环境中的心理健康教育信息随时都可以向高校学生开放，全天候提供丰富的心理知识、心理咨询、心理测验、心理调节音乐、心理治愈电影等服务。

（二）网络环境对高校学生心理健康教育的影响

网络是高校学生的新宠。网络以广泛的、丰富的信息资源，快速便捷的互动方式向高校学生学习和生活的各个方面迅速渗透，变革高校学生心理健康知识的获取方式、心理健康的养成方式，丰富着心理健康教育的内容，对高校学生心理健康教育的师资队伍素质、课堂教学手段提出了更高的要求。网络已渗透到社会生活的各个领域，包括高等教育领域，从而对高校学生心理健康教育产生了深刻的影响。

1.网络环境对高校学生心理健康教育途径的影响

传统环境下，高校学生心理健康教育途径一般是课堂授课、举行讲座，专家作报告，开展心理咨询活动。传统的心理健康教育主要是在固定的时空中以书籍媒介为载体，以教师的口头讲述为主要方式来进行的信息传播，这种传播的范围极为有限，速度比较缓慢，高校学生也不可能根据自己的需要选择学习内容。网络环境下，互联网拓宽了高校学生心理健康教育的途径，除了高校开设相关课程，举办讲座、建立咨询室开展现场心理咨询外，更要进行网络心理健康教育，通过在线心理咨询、建立心理健康教育专门网站，充分运用网络技术手段和网络信息开展高校学生心理健康教育。例如，交互性是网络的最突出的优势，交互性使心理健康教育突破了传统心理健康教育的时空限制，只要心理咨询师和学生双方的网络相连通，就可以实现及时的对话，且不需要考虑地理位置。这种灵活、快捷的心理健康教育方式，为不愿与外界交流，但又想获得心理帮助的高校学生提供了一个交流的平台。

2.网络环境对高校学生心理健康教育工作机构的影响

（1）独立的高校学生心理健康教育机构的建立

目前，高校成立的高校学生心理健康教育中心，或者是心理咨询室，隶属学生工作部（处）或者隶属于德育部门；有的高校学生心理健康机构多设在心理系（所）、心理院（系）；有的作为行政机构，有的作为德育机构，很少作为教学、研究机构。心理健康教育机构不独立，责任不明确，不能满足网络环境下高校学生心理健康教育工作的需要。而网络信息的庞杂性、网络世界的虚拟性，导致了教育环境的复杂化。这就要求高校必须将高校学生心理健康教育工作放在重要的位置，设立独立的高校学生心理健康教育机构，以加强高校学生心理健康教育工作。

（2）促进高校学生心理健康教育中心的职责向网络教育延伸

高校学生心理健康教育中心（咨询中心）有从事网络心理健康教育的责任，高校现代教育技术中心有为心理健康教育中心（咨询中心）提供技术服务的责任。这两个机构的职责交叉延伸在网络高校学生心理健康教育领域。高校学生心理健康教育中心的职责由传统教育环境下的高校学生心理健康教育向网络高校学生心理健康教育领域延伸。

3.网络环境对高校学生心理健康教育师资队伍信息素质的影响

（1）网络环境促进高校学生心理健康教育师资队伍信息意识的树立

传统的高校学生心理健康教育信息是静态的、平面的、有限的，主要以单一的文字载体，储存在教材、教参之中，教师通过文字加工将其转化为口头语言，向学生进行"说服""说教""引导""论证"等。而网络环境的介入，使高校学生心理健康教育信息变成了动态的、立体的、海量的，以声音、文本、图形、图像、录像等多媒体载体形式存储在网络，教师不仅通过文字加工，而且要多媒体加工将之转化为多媒体课件、多媒体教学软件，然后向学生提供"影响""选择""服务""引导"。网络环境下的高校学生心理健康教育工作要求高校学生心理健康教育的师资队伍具有很强的信息意识和信息协作能力，将国内外先进的心理健康信息提供给学生，教师成为高校学生心理健康信息的筛选者、咨询者、指导者、研究者，并成为高校学生心理健康的促进者。

（2）网络环境增长高校学生心理健康教育师资队伍信息知识

传统的高校学生心理健康教育信息知识多承载于教材、图书中，存放在图书馆内，信息源基本上由教育者垄断，教师只要拥有相应的高校学生心理健康教育的知识、技能，就可以开展高校学生心理健康教育、教学和咨询工作。随着信息技术、网络技术的蓬勃发展及其向教育领域的渗透，高校学生获取心理健康知识的信息源由教师、图书馆转向网络。高校学生心理健康教育工作者就必须了解网络的体系构架、工作原理、传输技术等信息知识，熟悉网络环境中对高校学生心理健康教育有益和有害的信息，熟悉网络环境下开展高校学生心理健康教育常用的信息技术手段的工作原理、信息表现的优缺点等。心理健康教育工作者只有既拥有高校学生心理健康教育的知识，又拥有信息技术、网络技术知识，才能成功开展网络时代高校学生心理健康教育工作。

（3）网络环境提高高校学生心理健康教育师资队伍信息能力

网络使高校心理健康教育空间变得更为宽阔、更为开放：教育场所由封闭的校园，变成了开放的互联网、虚拟空间；教育时间由教学计划要求推进，变成了全天候的网络服务等，这极大地突破了高校学生心理健康教育时空局限。网络使高校学生心理健康教育的内容更加丰富多彩，立体灵活；网络资源的共享，高校学生心理健康教育的内容由教育者垄断，变成了任何时间、任何地点、任何人的自由平等共享；互联网上高校学生心理健康教育内容的呈现方式由线性的、平面的，变成了非线性的、立体的、多媒的灵活展现。因此，高校从事高校学生心理健康教育的教师就要提高自身的信息能力，熟练操作各种信息工具，恰当、迅速而及时地获取和处理高校学生心理健康教育的信息，向学生推荐积极有益的信息，发挥网上信息的效益，促进高校学生心理健康发展；并且通过科学研究生成和创造新的高校学生心理健康教育信息，充实到高校学生心理健康教育资料库中。同时，网络信息良莠不齐，高校学生分辨能力较弱，因此只有依靠高校学生心理健康教育教师提高自身的信息道德素养和信息免疫能力，才能指导学生提高对不良信息免疫能力。

4.网络环境丰拓展高校学生心理健康教育内容

（1）教育内容的表现形式从平面化走向立体化

一般环境下的高校学生心理健康教育内容具有平面性的特点，静态内容居多，比较狭窄。进入网络时代，学生通过互联网开阔了视野，丰富了生活，转变了交流方式和自主地选取所需的信息。所以，应充分利用网络来宣传心理健康教育内容。例如，通过建立心理健康教育网站，对高校学生进行心理健康知识的正面宣传和引导；开发心理健康教育软件，引进网上课堂；设立心理聊天室，及时解决高校学生心理困惑等。网络高校学生心理健康教育内容的表现形式更直观、更形象、更灵活。网络技术将高校学生心理健康教育的内容以非线性的、立体的、多媒体的方式灵活展现。高校学生心理健康教育内容的形式从平面化走向立体化。

（2）高校学生心理健康教育的内容更充实和更宽泛

传统条件下，通过课堂教学、讲座、报告、咨询等提供给学生的心理健康教育内容是非常有限的，涉及面往往也比较狭窄，主要是针对学生的学习方法、思想道德修养、择业就业等进行指导。而网络环境中的心理健康教育内容则是海量的，涉及面更加宽泛，包括高校学生生活学习所面临的各种心理问题；涉及了高校阶段的学习、生活、情感、交往、择业就业等所有问题。

（3）高校学生心理健康教育内容的载体更先进

传统条件下高校学生心理健康教育内容的载体主要是作为教材和教参的书本、教师的讲义、学生笔记等。而网络条件下高校学生心理健康教育内容的载体则变成了专业网站、多媒体课件、多媒体教学软件等技术先进的数据媒体，并且以文本、声音、图像、录像等形式立体化存储和显示。

5.网络环境对高校学生心理健康教育课程教学的影响

（1）网络环境变革了高校学生心理健康教育课程的教学手段

运用多媒体课件、多媒体软件、网络虚拟课堂等技术，可以提高心理健康教育的形象性、时效性。网上心理健康教育具有形象丰富、图文并茂、声情融合、感染力强等特点，通过虚拟现实技术的应用，高校学生犹如身临其境。在形象、生动、直观的教育中，将知识和娱乐相融合，寓教于乐，形成鲜明清晰的视觉印象。高校学生在放松的情绪下，在主动地探索、寻找新的视觉内容的过程中，潜移默化地接受心理健康教育，从而促进高校学生主动接受教育和实现自主教育。这大大提高了心理健康教育的有效性，其效果是传统教育方法所无法比拟的。因此，必须改革高校学生心理健康教育课程的教学手段，把先进的多媒体网络技术融入高校学生心理健康教育课堂教学过程。

（2）网络突破了传统的高校学生心理健康教育课堂时空限制

网络没有时间、空间上的限制，高校学生心理健康课堂教学时间无限灵活、教学场所无限拓展，高校学生不必按传统方式在规定时间内到规定场所接受教育，而是可以在任何一个设有终端的地方随时获取所需的知识，听取教师的指导。高校学生心理健康教育课堂时空由固定时间、固定教室，变成了随时随地，因而高校学生心理健康教育受益面无限扩大，由固定数量、固定人员变成了任何数量和任何人。

（3）网络促进高校学生心理健康教育课堂教学的信息量增加

多媒体课件、多媒体软件、网络虚拟课堂的信息量远远大于传统课堂教师提供的信息量。而且，多媒体课件、多媒体软件、网络虚拟课堂可以随时利用超链接引入网络海量信息。与传统课堂相比较，网络能够促进高校学生心理健康教育课堂教学的信息量增加。

二、基于网络环境的高校学生心理健康教育的具体策略

网络作为新兴的信息技术，与其他媒体相比较，具有信息量大、传播速度快、信息获取便捷，以及信息交流互动性、网络时空虚拟性、网络行为匿名性、共享资源丰富性、价值观念多元性等特点，为开展高校学生心理健康教育带来许多优势。同时，网络上的内容良莠不齐，而且对高校学生群体具有特殊的吸引力。高校学生具有创造性强、接受新事物快等特点，但由于自我控制力和分辨能力较弱，网络上的不良信息可能对高校学生心理健康方面产生很大的负面影响。可以说，互联网对高校学生来说是一把双刃剑。

网络已经成为高校学生生活不可或缺的部分。网络对高校学生心理健康有积极影响也有消极影响。利用网络特点和优势的积极影响、避免网络的负面影响，是网络时代高校学生心理健康教育工作发展的关键所在。

（一）基于网络环境的高校学生心理健康教育原则

基于网络环境的高校学生心理健康教育工作，应坚持以下几点原则：

1. 预防性原则

传统的心理健康教育侧重知识传授，对学生来说是较为被动的方式。网络环境下应更加强调坚持预防性的心理健康教育原则。预防性原则的目的是"防患于未然"。具体来说，高校应当在新生入学以后，对他们进行心理健康普查，建立心理健康档案，做到对学生心理问题的早期发现和预防，及时对心理危机进行早期诊断和干预。网络环境的复杂多变，因此心理健康教育要加强对高校学生网络使用的正确引导。同时，在新生入学后，开展有针对性的心理教育，并提供有效的心理适应方法。

2. 发展性原则

高校心理健康教育工作者要以发展的观点看待高校学生心理问题。发展性原则的重点是教师有意识地发展学生的潜能，要把高校学生心理健康教育作为全体高校学生心理发展的必需。网络环境的复杂多变使高校学生心理发展更加复杂，因此高校心理健康教育工作者要随时跟踪出现的新问题、新动向，营造良好的网络环境，促进高校学生心理的健康发展。

3. 灵活性原则

高校学生心理健康水平存在明显差异，所以开展高校学生心理健康教育要关注和重视学生的个性差异，要根据不同学生的不同需要采取不同形式的心理健康教育。在不违背心理健康教育基本原则的情况下，因人、因时、因地而异，灵活运用各种教育理论和方法，采取灵活的形式、灵活的步骤、灵活运用多种媒体工具，以求得到最佳效果。

4. 主体性原则

高校学生心理健康教育的目的是培养高校学生良好的心理素质，高校学生是心理健康发展的主体。因此，在心理健康教育过程中，应充分调动学生参与教育活动的积极性和主动性。把学生作为主体，尊重他们的客观需要，调动学生的积极性；给他们以充分的理解和信任，尊重他们的人格，增强他们利用网络环境进行自我教育的能力；要让学生积极参与心理健康教育，正确认识自我，增强自我调节能力、挫折耐受能力、网络环境的适应能力,让心理存在困惑和问题的学生通过自主学习,积极主动地进行心理咨询和接受心理辅导。提高高校学生的心理健康水平,增强学生的发展自我的能力。

(二)基于网络环境的高校学生心理健康教育机构建设

1.完善三级机构网络

高校学生心理健康教育是一项系统工程,其健全的工作网络,是优化高校学生心理健康教育的重要组织保障。高校学生心理健康教育的有效指导,有赖于三级机构网络,即校级心理健康机构、院系级心理健康组织、班级学生心理健康小组。校级心理健康机构应由专职的心理教育工作者进行管理,组织协调学校院系学科教师、德育工作者和医务人员等人力资源,通过对学生进行心理辅导及心理训练活动,为学生提供有效的心理健康辅导。院系心理健康组织,应由院系主管学生工作的领导和班主任、政治辅导员组成,在学校心理健康机构的领导下,有针对性地对学生的心理问题进行及时有效的帮助。班级学生心理健康小组,应由志愿为同学服务且具备一定心理知识的学生组成,在与同学朝夕相处的学习生活中,对那些需要心理关怀的学生进行经常性的帮助,并将有严重心理隐患学生的情况及时向所在院系和学校心理健康组织与机构反映,避免学生由于心理健康问题而引发恶性事件。

2.建立全国性心理健康教育网络系统和网络教育机构

通过建立全国性心理健康教育网络系统,形成心理教育的合力,其成员可以互通信息,相互合作。那些尚未开展心理健康教育工作的地区和学校的学生也能及时接受心理健康教育,解决他们的心理问题。

设立高校学生心理健康网络教育机构,可以设在高校网络教育学院,与高校学生心理健康教育中心合作,专门开展高校学生心理健康网络教育,负责高校学生心理健康网站教学、咨询、测验等,利用网络普及并推广心理健康教育。

(三)基于网络环境的高校学生心理健康工作者培训策略

1.培训高校学生心理健康教育的教师和咨询师

高校开展网络环境下的高校学生心理健康教育工作,要建设一支以少量精干专职教师为骨干,专业互补,专兼结合,结构多元,相对稳定的高校学生心理健康教育工作队伍。高校要开设心理健康教育专业,加强专职心理咨询师的培训和资格认证工作,为高校心理健康教育培训高质量的专职教师;同时心理健康教育专职教师、专职咨询师对兼职心理健康教育工作者包括心理健康兼职教师、医生、班主任、辅导员等进行培训，不断提高他们从事心理健康教育工作所必备的理论水平、专业知识和技能。

2.培训高校学生心理健康教育工作者的多媒体网络技术

网络时代要求高校学生心理健康教育工作者不仅具备心理健康教育的专业知识和技能，而且要具备熟练操作计算机软件、运用网络技术的能力，自觉把网络技术与心理健康教育实践相结合，这样才能使心理健康教育更深入、更有效。在网络环境背景下，没有熟练的网络知识技能就无法与学生对话，也无法开展心理健康教育。所以，应对高校学生心理健康教育专兼职人员中进行多媒体网络技术培训，使其能够熟练地运用常用网络技术和工具，增强心理健康教育信息的表现力，进而提高心理健康教育的工作效率。

（四）基于网络环境的高校学生心理健康教育途径

传统的高校心理健康教育主要通过两种途径来实现：一是依靠高校为高校学生提供的心理健康教育课程、讲座、报告；二是依靠专职或兼职教师对高校学生进行心理咨询。网络技术逐渐与高校学生心理健康教育相结合，它为传统的心理健康教育注入了全新的活力，也为心理健康教育开辟出新的途径。

1.创设网络心理健康教育活动

网络心理健康教育既是心理健康教育新的发展方向，也是一种专门的网络教育活动，它专门针对学生的网络心理问题进行教育、咨询和治疗。通过网络心理健康教育，引导高校学生正确认识虚拟世界与现实世界的人际关系，关注学生的内心世界和情感世界，使其形成现实社会与网络社会和谐如一的完善人格。通过网络心理健康教育，实现心理健康教育资源的集合与共享，全面加强高校学生心理健康教育工作。

2.促进心理健康教育方法的现代化

二十一世纪心理健康教育方法的现代化包含两方面的含义：一是心理健康教育过程的现代化；二是心理健康教育手段的现代化。充分利用网络信息资源，促使高校学生心理健康教育方法的现代化，关键就是充分利用教育信息化的资源和优势，运用信息网络技术，将网络信息资源渗透到心理健康教育途径和环节中去，建立学校、家庭、社会、媒体相结合的高校学生心理健康教育网络。二十一世纪心理健康教育方法现代化改革的思路应紧跟教育信息化发展的时代步伐，在传统的高校学生心理健康教育途径的基础上充分利用网络资源和媒体技术，抓住机遇，扬长避短，充分发挥网络技术的优势，认真研究网络环境下高校学生心理健康教育工作的特点和规律，积极探索进一步加强和改进高校学生心理健康教育工作的新途径和新办法。

（五）基于网络环境的高校学生心理健康教育资源优化策略

1.加快网络信息过滤技术的研究

要努力净化网络环境，抵制消极、腐朽思想的渗透和影响，抵制低俗文化和不良文化倾向，发展积极健康的网络文化。在网络信息资源建设中，高校校园网和心理健康教育网站应成为最佳信息资源渠道，向高校学生提供科学的、优质的心理健康信息资源，并向高校学生推荐科学、权威的心理健康教育网站。同时，要净化网络信息空间就必须对网络信息内容进行过滤，加快对网络信息过滤技术的开发；对网络信息的内容进行筛选，及时发现和剔除不良信息，对网络上的不良信息进行屏蔽，确保高校心理健康网络信息的真实性、科学性、健康性。

2.倡导健康的网络氛围

为了高校学生的健康成长，全社会要倡导健康的网络文化氛围。高校要向高校学生推荐优秀网站，并积极营造良好的校园网络氛围，建立和完善校园网络有害信息的监督制度。

（六）高校学生心理健康教育的网络服务策略

1.建立高校学生心理健康与咨询管理系统

高校要建立高校学生心理健康与咨询管理系统，进行网络心理健康教育，开通心理健康网络课堂，开展在线心理咨询、在线心理测验、心理健康电子档案管理等工作；提供高校学生心理健康知识、心理测验和心理训练等教育服务。

2.延长在线心理咨询服务时间

高校在线心理咨询开放时间与学生课余时间有时并不匹配。大多数高校的在线心理咨询开放的时间与学生上课的时间重叠，而中午、晚上和周末学生课余时间在线心理咨询很少开放或根本不开放，导致不少在线心理咨询形同虚设，起不到应有的作用。因此，应该安排人员在学生课余时间和周末时间在线值班，使在线心理咨询开放时间与学生课余时间相匹配。

（七）基于网络环境的高校学生心理健康教育课程教学策略

1.系统开设高校学生心理健康教育课程

高校学生心理健康教育工作是一项系统工程。但许多高校并未将其列为课堂教学计划，只开展课外咨询辅导，这虽然解决了一些学生的心理问题，但受益面狭窄。课堂学习是一种系统严密、循序渐进的学习，是高校学生学习心理健康知识的主渠道。把心理健康教育纳入课堂教学体系，开设相应的必修课和选修课，并且积极开展心理健康教育，能够调动全体学生学习心理健康知识的自觉性和主动性，有助于学生集中、系统、全面地了解心理发展规律，掌握心理调节的方法，全面提高自我心理健康教育的能力。

2.采用多媒体教学技术

教师采用多媒体教学技术，在课堂上充分运用音频、视频材料，给学生感官刺激，充分调动学生的学习积极性。更重要的是，教师可通过多媒体课件里的超链接进入网络庞大的信息库中，选取有价值的心理知识、心理理论、心理案例、心理测验、心理咨询等信息。通过多媒体教学技术，引导学生把上网的主要精力和时间用在专业学习和增进心理健康上来。

3.课程教学延伸到网络虚拟课堂

高校要充分发挥环境对人潜移默化的作用，营造良好的高校学生心理健康教育网络环境，展开多种形式的网络心理健康教育。网络心理健康课堂应该成为网络心理健康教育新的发展方向，它整合了高校学生心理健康教育的内容和多媒体网络技术的优势，可以系统地、集中地解决部分学生的心理问题，并突破传统课堂的时空限制，使学生随时随地收听、观看心理健康教育内容，且可以下载和反复观看，直到问题解决为止。这非常有利于学生的自主学习和心理健康的自主维护。

（八）基于网络环境的高校学生心理健康的自主维护策略

高校开展高校学生心理健康教育工作既要重视心理健康知识的传授，又要注重学生心理健康的自主维护能力的培养。

维护高校学生的心理健康，不仅需要高校心理教育工作者的努力，还需要高校学生自身具备对心理健康维护的能力。因此，心理健康教育工作者要引导高校学生加强自我心理保健，让他们成为自己的心理医生。在课外活动指导中，心理健康教育工作者要注意引导高校学生主动参加多种社团活动，使高校学生自我生存、自我调控、自我激励、自我发展和自我认知的能力不断得到提高，促进其心理健康的自觉意识不断得到增强。

高校开设系统的心理健康知识和心理训练课程,推荐优秀的心理健康网站,让高校学生学会自我心理调适的方法,消除负面情绪,解决心理困惑。

三、基于网络环境的高校学生心理健康教育策略体系的构建

(一)基于网络环境的高校学生心理健康教育策略

高校学生学会自我保健,提高高校学生心理健康的自主维护能力是高校学生心理健康教育的最终目的和核心问题。基于网络环境的高校学生心理健康教育策略要遵循"五结合"基本原则,即高校心理健康教育应坚持普遍性与特殊性相结合、坚持科学性与艺术性相结合、坚持预防矫治与开展相结合、坚持教育与学生自我教育相结合、坚持心理健康教育与学生教育管理相结合的原则,以及预防性原则、发展性原则、灵活性原则、主体性原则。在这些原则的指导下建立并完善高校学生心理健康教育机构,培训专职和兼职高校学生心理健康教育师资力量,提高心理健康教育工作者的业务技能和多媒体网络技术能力,开拓心理健康教育的新途径;积极开展网络心理健康教育,并使新媒体技术与心理健康教育相融合,优化心理健康信息资源、净化网络环境,加快高校心理健康与咨询管理系统建设,延长在线心理咨询服务时间,开展高校学生心理健康教育多媒体课堂教学和网络教学,促进高校学生心理健康知识的获取,进而提高高校学生心理健康自主维护的能力。

(二)基于网络环境的高校学生心理健康教育策略应用效果

基于网络环境的高校学生心理健康教育采用网络心理健康教育途径,实施资源优化策略、网络服务策略、多媒体教学和网络教学策略、心理健康知识获取策略、心理健康自主维护等策略,极大地拓宽了高校学生心理健康教育的服务渠道,大大提高了工作效率。其具体表现在:高校学生心理健康教育的服务由面向少数存在心理困惑的学生扩大为面向全体学生;由重障碍咨询变为重发展咨询;由校内服务扩大为校外服务。真正实现了任何高校学生、任何时间、任何地点随时可以享受高校学生心理健康教育服务。

第九章　新媒体时代德育工作者的素质培养

第一节　新媒体时代德育工作者的素质

一、德育教育工作者素质的定义、内涵及内容

学界对于德育工作者素质的定义大体上一致,即德育工作者的素质是在大环境的教育背景下,针对特定的教育对象即学生,通过实践和自我完善形成和发展起来的基本品德和素养。德育教育工作者素质的内涵也有一些学者提出了不同的观点,如有学者认为,德育工作者的素质是指德育教育工作者具备的各种基本条件的总和。有学者则认为,德育工作者的素质主要是指从事德育工作的人员所必须具备的思想、品德、知识、能力、心理等各方面条件的总和。通过归纳总结德育工作者素质的定义和内涵,可以看出传德育工作者的素质和一般教育工作者的素质定义并没有明显的差异。

德育工作者素质的内容,目前学界仍存在着较大的分歧,主要有以下两种观点:

一种观点是"思想道德灵魂说"。这种观点认为德育工作者的素质主要是思想道德素质,并认为思想道德素质是德育工作者素质的核心,是发挥决定作用的素质,其他素质都是次要的、起辅助作用的。这一观点强调了思想道德素质对德育工作者整体素质构成的统领意义,强调了德育教育工作的本性。但德育教育并非等同于思想政治教育,因此这种观点存在片面性。

另一种观点即学界的普遍性观点是"多元论说"。这种观点认为德育工作者素质的内容是丰富的、多元的,它包括思想道德素质、法律素质、知识素质、人格素质、能力素质、心理素质、创新素质等。例如,有学者认为德育工作者素质包括思想道德素质、

业务素质、能力素质、心理素质等；有学者认为德育工作者的素质包括思想道德素质、知识素质、能力素质、身体心理素质；有学者认为，德育工作者基本素质主要包括思想道德素质、知识素质和能力素质等方面；还有学者则对德育教师的素质进行了总结，认为德育教师的素质是由教育科研能力、创新精神、人格魅力和道德风范等四个方面构成，其中，教育科研能力是基本方面，创新精神是重要内容，人格魅力是必要方面，道德风范是核心内容。这种观点认为：德育理论课教师要做到坚持正确的政治方向、丰富的知识、理论功底扎实，就必须提高教育科研能力，这是德育理论课教师应具备的基本素质。德育教师教学的实效都是以教师的学术水平为基础的，只有通过教育科研才能提高德育教师的马克思主义理论和社会科学、自然科学知识素养，拓宽其专业知识和边缘学科、交叉学科的视野，进而提升学术研究能力与教学能力。

德育工作者素质的"多元论说"证明德育工作者的素质内容丰富、层次性较强。

二、新媒体时代德育工作者素质的内容

新媒体时代使德育工作者的角色从传统向现代转变。提高德育工作者的综合素质，是新媒体时代德育教育发展的需要，也是德育教育建设的首要任务。新媒体时代的德育工作者既要具有德育教育的理论与实践经验，又要掌握计算机网络的基本理论并能熟练操作计算机硬软件；既要具有较高的思想素质，又要具有一定的科技意识和创新能力。从总体上来看，新媒体时代要求德育工作者应当具有以下几个方面的素质：

（一）思想道德素质

思想道德素质包括世界观、人生观、价值观等，它是指运用科学的理论观点来分析问题、解决问题的能力。首先，世界观是人的思想素质的核心。德育工作者要努力掌握辩证唯物主义和历史唯物主义世界观和方法论，正确认识事物发展的客观规律，确立思想方法和工作方法，避免在德育教育过程中出现主观性、片面性、表面性等问题；其次是人生观、价值观。人生观是人们对人生意义、人生目的和人生价值等问题的根本看法和态度；价值观是人们处理和对待自身与外界关系的根本态度。德育工作者必须树立崇高的人生理想和全心全意为人民服务的人生目的，以及树立乐观豁达的人生态度。在新媒体时代，只有树立科学的人生观、世界观和价值观，德育工作者才能不断提高自己的

思想觉悟和认识能力，才能有资格、有能力去引导高校学生在网络中进行世界观的改造，提高学生对网络上的各种社会思潮和各种信息的辨别能力，增强对不良信息的免疫力和抵抗力。只有树立了崇高的人生观，德育工作者才能在网络教育活动中坚持一切从人民的利益出发，敢于同一切危害人民利益的言行做斗争，才能引导高校学生正确处理好个人、集体与国家的关系，引导高校学生树立正确的价值观，自觉抵制网络上消极的价值观的侵蚀。

道德素质是人们的道德认识和道德行为水平的综合反映，它包含一个人的道德修养和道德情操，体现着一个人的道德水平和道德风貌。德育工作者的道德素质深刻地影响着教育对象的思想和行为。一般来说，优秀的道德素质应当包括以下几个方面：一是无私奉献的道德境界。它要求德育工作者必须保持高度的社会责任感，坚决履行自己对祖国、对人民、对他人的责任和义务，自觉做到教书育人、无私奉献。二是坚定不移的道德信念。道德信念的培养是形成道德品质的关键环节。德育工作者应自觉确立正直、无私、正义、公平、诚信等道德信念，并用坚强的意志行动践行这些道德信念。三是坚定不移的道德自控能力。它要求德育工作者即使在无人监督的网络中，也能恪守道德要求，坚持理性自律；经常自觉、冷静地反思自身工作中的缺点和错误，并能改正自己的错误，使自己的道德境界不断得到升华和提高。新媒体时代，德育工作者只有具有良好的道德素质，才能把握网络德育工作中道德关系的本质，才能从理性的高度指导和评价自己和教育对象的道德行为，才能对网络德育工作中的现象、关系和行为做道德分析和判断，才能积极地推动被教育者道德意识的提高。

（二）文化知识素质

文化知识素质，是指人们在文化方面所具有的较为稳定的、内在的基本品质，这表明人们在这些知识及与之相适应的能力行为、情感等综合发展的质量方面，所展现的水平和个性特点。高校是知识群体的集合地，也就是说，无论是高校学生还是工作人员，他们的知识水平和文化层次都高于其他的群体，作为从事高校学生德育工作的人员，没有较高的科学知识水平和良好的文化素养是无法开展德育工作的。因为，德育工作者所面对的对象是一些思维活跃、知识面丰富、知识水平较高且学习能力较强的高校学生，如果德育工作者自身知识的缺乏，没有较高的文化知识素质，就无法在高校学生们面前树立威信，无法使学生接受德育教育。

新媒体时代，德育教育工作者所需要的文化知识素质包括以下几个方面：

1.基础理论知识

马克思主义基本理论是网络德育教育的理论基础、行动指南和思想武器。德育工作者只有掌握了马克思主义的基本理论，才能树立科学的人生观、世界观，才能运用马克思主义的立场、观点和方法去分析和研究网络德育出现的各种新情况、新问题；运用科学理论批评错误观点，回答和解决问题，统一思想，提高认识。德育工作者只有掌握了马克思主义的基本理论，才能准确地向受教育对象传递马克思主义的基本原理和方法，帮助受教育对象树立正确的世界观和人生观，提高受教育对象分析问题、解决问题的能力，使受教育对象的素质全面提高。

2.专业知识

专业知识主要指德育教育基本原理与网络德育业务方面的专业基础知识和专业知识。德育工作者只有掌握了专业基础知识和专业知识，才能更好地结合网络的特点去分析高校学生的认知、情感、意志、个性等心理特征。德育工作者要深入了解高校学生的网络社会关系和网络环境，把握他们的思想行为、活动规律以及网络德育教育规律，增强网络德育教育的预见性和针对性。德育工作者要掌握网络德育教育的主动权，将网络德育教育建立在科学的基础之上。

3.辅助知识

辅助知识主要是指与德育教育工作有直接或间接关系的知识,例如与德育工作关系密切的心理学、教育学、伦理学、社会学、领导科学、决策科学、管理学等行为科学、企业文化知识等知识。学习和掌握这些相关学科的知识，可以使德育工作者扩大知识面，开阔视野，提高自己的科学文化知识素质，在实践中切实增强德育教育工作的实效性。

（三）信息素质

信息素质是指在各种信息交叉渗透、技术高度发展的社会中，人们应具备的对信息的处理、筛选、鉴别和使用的能力。在新媒体时代，高校德育工作者的信息素质则主要包含了信息意识、信息道德、信息能力等多方面。新媒体时代德育工作者信息素质的提高要做到以下几点：

1.增强信息意识

德育工作者的信息意识就是指德育教育工作者对信息的获取、分析、判断和消化吸收信息的自觉程度。德育工作者信息意识的高低，关系到其德育教育的工作水平和创新型人才的培养水平。在新媒体环境下的德育工作者，如果信息意识较低，那么其认识信息、利用信息的能力便不高。并且由于信息的交叉渗透性和分散性也会造成其对信息的吸收困难。因此，这要求德育工作者善于将网络上的新知识、新信息与德育教育工作的知识和信息有机地结合起来，启发和指导受教育者拓宽知识信息思维和视野。同时，德育工作者必须增强自身的信息意识，满足新媒体飞速发展提出的新要求。

2.提高信息能力

在新媒体环境中，德育工作者除具有敏锐的信息意识外，还必须有较强的信息能力。信息能力主要是包括信息的获取能力、信息的处理能力和信息的传递能力。其中信息的获取能力就是指搜集信息的能力，它包括对网络环境的了解、利用网络中的数据库并从中获取德育教育所需信息的能力；信息的处理能力是指利用互联网终端阅读、提取、吸收和存储所需信息的能力；而信息的传递能力是德育工作者将信息传递给学生的能力。德育工作者的信息能力是未来衡量其是否是合格德育工作者的必要条件。新媒体环境下，德育工作者的科研能力、教学效果主要决定于自身所具有的信息能力，信息能力越强，获取新知识的能力就越强，教学效果也就越好，科研成果也就越多。

3.树立信息道德

信息道德是指在整个信息活动中，协调信息创造者、信息服务者和信息使用者之间关系行为规范的总和。其内容包括：教育者的信息交流和传递目标必须与社会整体目标一致；教育者要承担相应的社会义务和责任；遵循与信息相关的法律法规，抵制违法信息；尊重个人隐私，尊重知识产权，等等。网络信息技术的使用，使人们突破了信息交流的空间和时间限制，人们在世界任何地方、任何时间都可利用信息终端与地球上另一个角落的人对话、交谈或是传递图像、文本信息。德育工作者则有可能接触到社会上的各种思想，因此德育工作者必须具备较高的信息道德素质，自觉抵制各种负面信息和不良信息，为受教育者传递健康的信息。

（四）业务能力素质

德育工作者业务能力素质是指德育工作者运用于实际工作的多种技能和艺术。新媒体是德育教育的新渠道和新空间，要真正把德育教育渗透网络活动，增强对高校学生的影响力和吸引力，把德育教育落到实处，取得成效，关键在于德育工作者必须要有较强的业务能力素质。概括起来，德育工作者的业务能力素质应当包括以下五个方面：

1.表达能力

表达是人们交流思想感情、有效实现教育目的的一种手段。新媒体时代，德育工作者要在网络上做好宣传教育引导工作,说服教育对象接受观点、主张,就要善于运用计算机网络技术,以语言、文字、形象等形式表达自己的思想,增强德育的感染力。

2.观察能力

由于新媒体具有隐蔽性和间接性,网络德育工作者与受教育对象在网络上不能进行面对面的交流。所以德育工作者只有具有较强的观察能力,坚持全面、客观、深入、细致的原则,善于通过表象抓住事物的本质,才能及时透过网络信息捕捉到受教育对象的情况变化,进行实事求是的分析,掌握受教育对象的特点,有针对性地进行网络德育教育。

3.调查研究能力

新媒体时代德育教育的多变性与复杂性,要求德育工作者要具备马克思主义的观点和方法,利用网络超时空、方便、快捷的特点,借助网络平台,通过调查研究抓住网络德育教育的新情况、新问题、新特点的能力。新媒体时代要求高校德育工作者要从事务型的德育工作者转化为研究型的德育工作者,有目的地开展一定规模的网上调查活动,或者有针对性地收集网络上的相关信息,掌握大量一手资料;然后通过深入细致地分析和研究,来掌握受教育对象的思想动态和情况变化,了解发展的趋势,及时发现问题、抓住问题、分析问题、研究问题和解决问题。

4.组织协调能力

新媒体时代,德育教育的特殊性要求德育工作者必须有较强的组织协调能力。德育教育面对的是思想层次各异、文化知识水平不同的高校学生。新媒体时代的高校学生的德育工作是一项复杂的系统工程,需要发动广大教职员工、学生干部,需要组织各单位的职能部门创办各种德育教育网站,制作各种网页,宣传德育教育内容;需要动员广大教职员工和学生骨干通过在线活动,引导网上舆论,及时沟通,做好疏导工作,理顺学生情绪,化解矛盾。高校要做好各网站、网页的管理工作,做到各负其责。另外,德育工作者要想牢牢地占领网络阵地,还必须有计划地组织新闻、宣传和文化机构以及报纸刊物进入网络,建立网络德育教育综合体系,相互配合,协同努力做好德育工作。

5.调控能力

网络社会变化莫测,新思想、新信息、新情况不断出现,德育工作者只有根据不同时期网络社会的热点、难点、焦点问题所涉及的知识和网络技术知识的发展动态,不断调整自己的知识结构,不断地紧扣新形势的要求,才能适应不同情况提出的不同要求,从而提高德育教育工作的时代性和时效性。

（五）身体心理素质

德育工作者的身体心理素质是指德育工作者从事德育教育工作过程中各种生理因素和心理因素。德育工作者需具备强烈的事业心和责任感，这是德育工作者做好工作的前提；坚强的意志是德育工作者调节自己的行为，克服各种困难，积极完成本职工作的基础。德育工作者要引导高校学生具有良好的身心素质，自己首先应当具备健康的身体、良好的气质、稳定的性格、坚强的意志、端正的态度等良好的身心品质。

1.健康的身体

对于德育工作者的身体素质而言，除了身体基本健康外，德育工作者的大脑和各种感觉器官、运动器官的机能应该经过锻炼、保健等作用，达到比较高的健康标准。

2.广泛的兴趣

德育工作者只有具备广泛的兴趣，才能在更宽广的范围和更多的时间里接触、了解教育对象，并能够通过灵活多样的教育形式进行工作。

3.积极乐观的精神状态

一般来说，积极乐观的精神状态不仅可以提高自身的工作效率，而且还会给别人带来愉悦的精神和情绪；而消沉抑郁的精神状态则容易使人厌烦、悲观。德育工作者应学会做自己心态的主人，使自己保持平和、开朗的心境和积极向上的精神状态，并以此去积极引导学生。

4.养良好的性格

德育工作者的职业性质，要求其必须培养和塑造自己的良好性格，自觉地做到对待他人，要诚恳友善、宽容大度、乐于助人；对待工作、生活，要踏实认真、一丝不苟；对待自己，要谦虚、自信、进取、克己。

5.坚强的意志

德育工作者应具有不怕挫折、百折不挠的坚强意志，善于明辨是非，毫不退缩的勇敢品质，并善于控制自己的情绪，约束自己的言行，为高校学生树立自强自立、坚强勇敢的良好形象。

总之，在新媒体时代，德育工作者应具备的五方面素质，既相互统一，又相互独立、互相影响制约。德育教育工作者具有较高的理论素质，是开展德育教育的保证；具有高尚的思想道德素质，是搞好德育教育的灵魂；具有良好的网络信息素质，是做好德育教育工作的前提；具有深厚的文化知识素质，是搞好高校德育教育的基础；具有扎实的德育教育业务能力素质，是搞好德育教育的关键；具有良好的身体心理素质，是开展好德育教育工作的保障。德育工作者必须适应新环境、新情况、新特点、新要求，不断完善和提高自己的综合素质。

第二节　新媒体对德育工作者素质的影响及原因

新媒体技术的发展对高校教师与高校学生的沟通方式和德育教育造成了巨大影响。新媒体技术的传输特征不仅为德育工作者提供了机遇，同时也对德育工作者带来了一些新的挑战。这需要德育工作者不断创新，具有不断地拓展处理新情况和解决新问题的能力。

一、新媒体对高校德育工作者素质的影响

新媒体对高校德育工作者素质的影响主要有以下几点：

（一）拓展了德育教育工作者的视野

网络技术作为二十世纪最具革命性的科学技术之一，必然会推动人们的思想解放。随着新媒体技术的广泛运用，信息全球化流动速度加快，信息传播更加便捷，在开阔眼界、活跃思想、创新精神、提高效率、共享信息等方面已被人们广泛认同，这为新媒体时代德育工作奠定了良好的思想基础。

对于德育工作者来说，新媒体拓展了德育工作者的视野，其主要体现在三个方面：一是弱化了课堂内外的界限。新媒体引导德育工作者不再只是注重课堂的"两课"教学，还要重视利用课堂外的时间与学生进行网上沟通与交流。二是弱化了校园内外的边界，新媒体引导德育工作者走出校园，分析和把握社会上各种热点问题，探究在受教育者身上出现问题的根源，寻找办法和解决措施、及时地予以解决。三是弱化了国家间界限。新媒体引导德育工作者不仅注重国内的信息，还要善于利用新媒体技术突破地域限制，放眼全球，关注海外，及时了解和掌握国外的信息，只有这样才能掌握高校德育的主动权。

（二）催生了德育教育工作者现代观念的确立

新媒体发展速度快，更新周期短，开放程度高，是现代科技的结晶，也是信息社会的时代精神的集中体现。新媒体的这些特征，有利于推动德育工作者形成新的思想观念。如新媒体的显著特点是运行的快捷性、同步性和使用简便性，这有利于培养德育工作者的效率观念。新媒体增加了德育工作者接触外界的机会，每次接触都是开启新知识的大门。这为德育工作者知识更新和调整自身的知识结构创造了不可忽视的客观条件，有利于培养德育工作者的知识意识。新媒体技术使德育工作者在获取信息方面不再受到空间阻碍和时间限制，促进德育工作者形成新的时空观，使德育工作者和德育教育对象之间的交流和沟通更加紧密。新媒体技术为德育工作者构建了一个虚拟世界，社会被浓缩在这个虚拟世界中，德育工作者个人作为主体在这个虚拟世界中活动，与各种事物发生联系。这些联系实际上是靠信息运动来实现的，这极大地丰富了德育工作者对事物运动本质的认识，形成新的时空和运动观念，等等。

（三）推动了德育教育工作者个人综合素质和能力的提升

新媒体在推进改革德育工作方式方法的同时，也对德育工作者的业务水平提出了更高的要求。面对新形势、新挑战，德育工作者应利用新媒体加强学习，不断提高工作能力。德育工作者既要注意在不断提高思想道德素质和思想道德素质的同时，确保高校学生德育工作的正确方向，同时又要注意通过网络等新媒体，随时随地关注和吸收全球最前沿的知识研究成果，增加自身的知识储备，完善自身的知识体系，更好地胜任新媒体时代的德育教育工作，完成在新媒体环境中的角色定位。例如，在"两课"教学中，应根据教学工作的需要，积极发掘网络资源，随时更新教育素材；并善于利用图片、动画等形式，使德育教育的内容更充实、形式更生动。在日常管理中，德育教育工作要注重利用新媒体开展相关调研和测评，了解和掌握高校学生的思想动态、心理状况、精神需求。德育教育更贴近高校学生的学习、生活实际，以取得更好效果。

二、德育工作者素质受到影响的原因

德育工作者素质受到影响的原因有以下几个：

（一）新媒体环境的复杂性

1.新媒体的开放性，增加了德育教育环境的复杂度

网络是一个开放的系统。一方面它拓宽了高校学生获取信息的渠道，使高校学生接触的信息面更宽，接触到的不同观点更多，获取的信息就更多。这种情况使德育工作者工作的主导性与权威性面临严峻的挑战。在新媒体普及之前，高校学生获取信息的途径较少，信息量较为匮乏，信息接收处于被动地位，因此德育工作者具有主导性和权威性。新媒体普及之后，信息途径增多，信息内容多种多样，微信、微博、论坛等已经得到大多数人的认可与肯定。手机是高校学生的必需品。传统媒体在空间、时间以及速度上受到一定的制约，而新媒体技术却不受这些因素的限制，而高校学生正处于世界观、人生观以及道德观定型的关键时期，很容易受不良信息的影响，而网络不能对信息资源进行选择、编辑，这不仅对高校学生的分辨力、选择力、运用信息的能力提出严峻的考验，而且也使得德育教育的环境更加复杂。因此，净化网络空间、加强网络文化的监督，也就成为德育工作者的责任。

2.新媒体传播的多样性文化，加剧了德育教育环境的不可控性

网络信息文化具有多样性特征，从客观上说，在网络信息的传播过程中，谁掌握了高科技的优势，谁就能掌握网络主动权，就能更为有效地掌握和引导网络舆论。在新媒体时代，尤其是网络监管还不完善，网络信息的内容与教育工作者所传递的信息可能不同甚至截然相反，这在一定程度上干扰了德育教育工作。这种德育教育环境的不可控性，在一定程度上影响了我国德育教育工作的顺利开展，为高校学生形成正确的世界观、人生观和价值观制造了阻碍。因此，对德育工作者素质提出了更高的要求。

3.新媒体的"互动性"和"虚拟性"，提高了德育教育环境的自由度

传统的德育教育环境是建立在信息的可控性基础之上的，教育信息一般通过教育者进行严格的筛选和整理后传递给高校学生。按照教育者的意志预先设计的模式进行，这种教育方式具有明显的单向性。传统的德育教育模式已经不适合发展日新月异的现实社会，其内容陈旧、方法单一，脱离了高校学生的现实生活，高校学生平时的所见所闻与教育者所讲的内容相差较远。这种教育环境不重视学生的自我体验和情感调动，能打动高校学生的地方比较少。在新媒体环境下，由于新媒体的互动性，高校学生们不再只是单方面地接受德育工作者的外部灌输，而是要求平等地互动交流，以往只靠教师教对学生进行德育教育的方式，已不能适应新媒体时代德育教育的需要。在新媒体所构建的平台上，高校学生的主体意识会被极大地调动起来，进而影响他们的认知方式和接受方式，这将对高校传统的以单向灌输为主的教育模式产生重大影响。

新媒体改变了过去面对面的交流方式。新媒体技术使很多人以匿名的方式进行交流，言行得不到规范，真实性难以保证，在沟通过程中面对的不再是一个个活生生的人，而是一行行文字或一张张图片，人与人的交流成为非身份的交流。人更容易以面具的方式出现，并以工具化的态度对待他人，造成人与人之间的情感疏离。部分高校学生整天沉溺于虚拟世界，容易造成紧张、孤僻、逃避现实等问题，甚至会出现信任危机和人格障碍。随着新媒体的普及，传统的正式沟通在高校学生德育教育中所占的比例越来越少。随之产生的问题是可选择的沟通途径虽然越来越多，并且越来越简单、快捷，但是德育教育的效果不佳。面对新媒体的挑战，教育环境的自由度要求加大，这迫切需要德育工作者的自身素质尽快适应新媒体环境。

（二）新媒体信息渠道的立体性

新媒体信息渠道的立体性导致德育工作者的素质受到影响。在传统教育模式中，教育者、受教育者通过教育过程角色定位来促成二者关系的形成。而传统教育模式中教育者和受教育者之间的关系往往是支配和被支配的关系，教育者依据自己积累的知识及获得的经验，并与德育教育内容相结合，展现给受教育者一个传道者的形象。在新媒体时代，德育教育方式由单一的"填鸭式"教育演变为多向、多渠道获取。教育途径及信息来源的多样化导致教育者对受教育者的优势削弱，新媒体的传播和教育功能被强化，进而也打破了教育者与受教育者之间的信息不对称，使传统的教育者与受教育者的关系秩序面临解构。随着传统的教育主体关系秩序的解构，信息传播渠道由单向传播到双向传播、多向传播甚至立体传播，从根本上改变了原有的教育者和受教育者之间信息不对称的地位，两者的关系由教育者的信息独享者向信息的平等享有者转变，受教育者处于难以选择的境地。而高校学生可以根据自己的需要，对网上各种各样的信息进行自主的选择，可以从网络复杂而多样的信息中选择需要的信息来促进自身的发展，还可以使网络信息接收和表达、传播相结合，变成自我教育的主体。高校学生更多的是通过自我对信息的判断、选择、加工构建自己的价值体系。高校学生在对网络信息进行分析、判断、加工的同时，改变了以往被动接受的地位，通过自我的主动选择，不断发展自我意识，不断进行自我思想的调节和行为的调节；同时还能通过网络活动，不断发挥主观能动性，使自我的主体地位得到不断加强。因此，新媒体环境下，高校学生的主体意识不断增强，必然要求教师在德育理论课的教学过程中，充分尊重学生的主体地位，实现教学活动的双边互动，从传统的被动接受到自主的选择，从传统的"灌输式"到"能动的参与"，从"塑造人格"到"引导人格"。而当前有些德育工作者还不能面对这一挑战，课堂教学方式单一，基本采取"满堂灌""填鸭式"的传统教学方式方法，师生少有对话和交流，导致学生学习德育理论积极性不高、兴趣不浓、参与性不够。在这种情况下，迫切要求德育工作者尽快提升自身的素质，以适应网络化信息传递的立体性要求。

（三）新媒体技术传播的随机性

新媒体技术在传播过程中，随机性表现得非常明显。客观上来说，对新媒体技术传播的信息进行监控和管理非常困难。因此，在德育教育工作开展过程中，对新媒体所传播的信息的处理，可以从我国当前社会主义现代化建设的要求出发，利用先进的技术手段选取符合我国精神文明建设一般性要求的信息供学生浏览和学习，为学生的德育教育的顺利开展提供必要的支持，这对提高我国整体德育教育水平是有着非常重要的现实意义的。对新媒体来说，新媒体技术传播内容丰富、覆盖面广、受众较多，这都使得德育教育的对象和空间都大幅度扩大，从而丰富了德育教育的资源，提供了新的开放性环境和广阔的教育环境。实际上，新媒体完成对信息的选取的过程，就是根据价值观对信息进行选取、判定的过程。在我国当前的德育教育工作中，必然通过对新媒体所提供的信息进行筛选，从中选取有利于我国高校学生树立正确思想道德品质，对一些不符合我国实际情况、不利于建设我国社会主义精神文明的信息加以摒弃。

新媒体技术的随机性，加大了德育工作者对信息的选择难度。以网络媒体为例，从整体上看，由于网络用户使用的限制相对较小，导致高校学生很难追寻网络信息的来源及判断其可信度。德育工作者很难给高校学生提供较好的过滤信息的方法，而学生本身在信息的海洋里不知所措。由于德育工作者难以进行实质性的有效管理，可能会出现两种不同的结果：一种是强烈冲击高校学生已形成的价值观；另一种则为高校学生新价值观的形成提供必要的支持和帮助，但是新的价值观的优劣，则无法预先判定，既有可能为我国社会主义的发展起到促进作用，也可能对我国社会的整体发展造成阻碍。德育教育不仅要向学生传授特定的思想道德知识，还要培养学生的情感，也要训练学生的道德意志，并指导学生的实践。客观上来说，新媒体对于思想道德知识传播速度的加快是有着非常重要的促进作用的。但是由于信息的丰富性和选择的矛盾性，面对海量信息，能否达到既定的德育教育目标，以及德育工作者应该如何利用新媒体对高校学生加强教育和指导，提高他们对信息选择的能力，这都是对德育工作者的素质提出的要求。

（四）新媒体传播内容的多元性

德育工作者的现有的素质难以面对新媒体传播内容的多元性所带来的挑战，其主要体现在以下三个方面：

1.德育教育主旋律受到冲击

当前德育教育的内容主要是进行社会主义核心价值观教育以及社会主义思想道德与法治观的教育。新媒体在拓展了高校学生知识学习、知识选择空间的同时，也对德育教育工作的主旋律提出了前所未有的挑战。新媒体的开放性、多元性使其所传播的信息良莠不齐，增加了高校学生辨别的难度；一些消极的错误的信息的传播，对于正处在世界观、人生观和价值观形成的重要阶段的高校学生来说，还不能完全有效地对网络信息进行甄别处理，容易受错误的观念和生活方式的影响，有些高校学生对社会主义信念发生动摇。这些都对德育教育工作提出了挑战。

2.德育教育内容被弱化

在新媒体给人们带来新的文化的同时，不良信息也同时存在。这些腐朽落后的文化观念和生活方式借助网络在校园传播，严重污染了校园文化环境。当代高校学生正处于人格形成的关键时期，对各种信息的接受比较活跃、广泛，加之当代高校学生的是非善恶观念是在多元性文化的冲击中形成的。如果学生不能理解以信息交流为主的新媒体时代生活方式，这无疑会令他们产生困惑，进而阻碍其健全道德人格的形成，导致高校学生个体道德和群体道德水平下降。在我国，德育教育以共产主义理想信念教育为核心，以爱国主义、集体主义、社会主义教育为主要内容，着力培养高校学生树立正确的世界观、人生观、价值观。各种违反社会主义道德的信息泛滥，弱化了德育教育的实效性。

3.德育教育内容需要更新

课堂教育比较注重知识体系的完整性和逻辑性，但缺少寓教于乐和理论联系实际的教学方式，往往使学生感到枯燥无味，甚至产生逆反心理。这在高校学生已习惯多媒体传播方式的今天，尤其显得突出。目前高校学生在"两课"课堂上睡觉、玩手机甚至逃课的现象很多，大大影响了德育教育的效果，不利于德育教育目标的实现。

在新媒体传播内容的多元性面前，迫切要求德育教育工作者提升自身素质，不断调整和优化德育教育内容，把那些符合社会发展规律、契合时代需要的内容充实进来，使德育教育内容变得更加生动有趣、富有吸引力，以应对新媒体对德育教育内容的挑战。

第三节 新媒体时代德育教育工作者素质的培养路径

素质的培养与一般的知识培养、技能培养不同,二者存在较大差别。这种差别表现在:素质培养的全过程都要体现素质自身具有的历史性、实践性,还要把握和维护素质的整体性和全面性。这是一个长期的潜移默化的过程,不仅需要德育工作者本人长期的艰苦工作、生活和学习实践,而且需要高校在德育工作者素质培养的措施、方法和路径选择上,发挥其积极影响,只不过这种影响是后发性的、潜在的。换言之,德育工作者的素质只有借助广阔的社会实践空间和平台,才能在获得内生性成长的同时得到有效培养。这表明,德育工作者的素质培养是一项极其复杂、艰巨的社会系统工程,需要坚持不懈才能实现。新媒体时代,提升德育教育工作者的素质,应着力抓好以下几个方面:

一、培养德育教育工作者的新理念和新意识

(一)德育教育工作者需要树立四个理念

1.网络理念

随着新媒体技术的发展,德育教育网络化已经逐步开展。在当前的教育形势下,各高校已经充分认识到网络德育教育不仅是高校学生德育教育内容的一部分,也是学校教育管理的一个部分,更是学校校园文化的一部分。网络已经渗透到校园的各个角落,为学生的成长、德育教育工作者的进步乃至发展起着至关重要的作用。因此,德育教育工作者应树立正确的网络观,以指导德育教育的网络传播实践。德育教育工作者只有在正确的网络观的指导下,投身网络德育教育实践,真正将网络成为自身生存的工作方式,深入体验网络对社会、对个体精神、心理的影响,才能理解网络受众的生活方式和精神状态,利用网络开展德育教育。

2.服务理念

大学阶段是高校学生思想和心理快速成长,达到成熟的阶段,在这个阶段,高校学生的思想容易受环境和他人的影响。首先,在网络信息社会中,高校学生将面对具有多元文化、多种思想意识、多元道德观、多元价值观特点的冲击,高校学生的思想和心理

也将受到冲击。其次，学生从高中步入大学后，学习方式和生活方式都发生了改变，学习方式由集中上课改变为分散上课，课余时间明显增多，由高中阶段的集中学习变为自由学习；生活方式上摆脱了家长的约束，管理方式由班主任制变为辅导员制，高校班主任或辅导员对学生的管理也较为宽松。这些学习方式和生活方式的改变，高校学生有更多的时间和精力去接触除校园生活以外的事物。最后，由于部分学生存在思想上"先入为主"的倾向，因此德育教育的制高点需要由正确的思想和先进的文化去占领。

德育工作者应确立主动服务理念，以新生入学为起点，关心高校学生的学习和生活情况，积极主动与高校学生进行沟通与互动，关注高校学生关注的热点问题，掌握高校学生的思想和心理发展动向，帮助解决高校学生遇到的思想和心理上的问题，主动开展网络德育工作。高校德育工作者要转变工作态度和方法，坚持与学生进行网上网下互动，和学生打成一片。教育对象也容易接受，积极配合，因此新媒体时代的德育教育工作能够顺利开展。此外，相关部门也要主动配合网络德育工作者营造优良的德育教育环境和建设丰富多彩的校园文化，让学生在校园文化的熏陶下接受良好的德育教育，不断提高德育水平。

3.平等理念

教育平等性具体体现在两个方面：一是受教育者的平等性；二是受教育者与教育者的平等性。网络使用过程中，每个网络用户都是网络的终端，教育者对受教育者进行教育时，可以是点对点的教育，也可以是点对面的教育；在教育实施过程中，每个高校学生都有平等的地位。因此，教育具有平等性。教育者与受教育者的平等性就是要确立高校学生在教育中的主体地位，教育者要从传统的教育者施教、受教育者受教的模式中解放出来，充分激发高校学生的主动性和积极性。网络平台上，将传统的德育教育转变为网络思想交流，将受教育者的被动接受转变为主动获取，将网络在教育中的积极作用充分发挥出来。

另一方面，在新媒体环境下，教育者与被教育者之间的平等性也会常常发生某种程度的失衡现象。由于在网络上交流的双方或多方是平等的，教育者与受教育者之间的信息接收的内容和过程是平等的，可能会出现教育者所掌握的知识不及受教育者所掌握的知识的现象，从而对教师的权威地位带来了挑战。因此，德育工作者应改变居高临下的观念，树立民主化理念，尊重学生的主体意识，把学生放在与教师自由交流、互动的同一个平台上；注意用启发式、参与互动式、讨论式、对话式的教学方式，以平等、诚恳的态度与学生展开交流，耐心启发并积极引导学生，做学生的良师益友，从而增强德育教育工作的亲和力。

4.实时理念

新媒体时代是一个高速发展的信息时代。在网络环境下，信息传播速度很快，德育工作者把控和引导信息传播将面临巨大的挑战。新媒体时代每天都有大量的信息，很多信息是社会关注的热点问题。这些社会热点问题要求德育工作者必须树立实时理念，只有实时关注学生关注的问题，积极处理与解决与高校学生密切相关的问题。同时，德育工作者应实时关注校园每天发生的事情，实时关注高校学生的学习和生活，才能将问题尽早发现、尽早解决。

（二）德育工作者应强化四个方面的意识

1.阵地意识

网络的开放性、虚拟性和跨文化性等特点，使德育教育面临更为复杂的教育环境。在这种情况下，德育工作者必须强化阵地意识，重视新媒体环境对德育教育工作带来的挑战，认真研究网络出现的一系列新情况、新问题，充分运用网络发展带来的新技术、新手段，提高德育工作的时效性、针对性，把德育教育覆盖到网络中，增强德育教育工作的效率。面对新媒体环境带来的冲击和影响，德育工作者必须采取积极主动的应对策略，充分使用网络带来的优势和便利。开发网上德育教育资源，充分发挥其在德育教育领域的积极作用，使其成为德育教育工作的新载体，构建德育教育工作的新阵地。

2.安全意识

网络具有开放性和共享性、超时空性和及时性、隐蔽性的特点。在信息共享不受时间和空间的限制，及时传播信息的同时，也埋下了安全隐患。教育和引导高校学生自觉甄别和抵制网上不良的信息，是德育工作者的重要责任。

目前，我国相关部门制定了《关于加强网络信息保护的决定》《关于加强互联网域名系统安全保障工作的通知》《通信网络安全防护管理办法》《互联网网络安全信息通报实施办法》等规范网络管理的法律法规，各地高校也建立了校园网络信息管理的制度和规定，加强了对网上信息的监督，对网络言行进行管理和约束。但是，只有把法律法规的制约、管理制度的约束同网民的道德自律结合起来，网络监督管理才能发挥良好的效果。德育工作者要强化对高校学生网上遵纪守法意识的培养，并加强高校学生的思想德育，把《新时代公民道德建设实施纲要》提出的基本道德规范要求同网上德育相结合，提高高校学生上网的自律意识，增强高校学生自身免疫力，促进高校学生树立安全上网意识，保障上网安全。

3.学习意识

学习意识是新媒体时代对德育工作者提出的明确要求。德育工作者不仅要具丰富的德育理论知识，而且要具有学习、运用网络技术、信息技术等新技术手段有效开展工作的能力；德育工作者能够从网上快速地查找信息、筛选信息，科学合理地使用信息，主动参与网络德育教育阵地的建设，利用网络建立德育教育资源信息库。同时，德育工作者还应密切关注和研究网络发展的新动向、出现的新事物；学习使用高校学生常用的各种应用软件、网络平台，并通过使用这些软件和平台贴近高校学生，了解高校学生思想动态、网络言行，有效整合网络教育资源，能够把"德育工作"理论和方法同互联网技术有效结合，成为新型德育工作者。只有在循序渐进、持之以恒的学习过程中不断充实和提高自己，保持自身知识结构的完整性和知识构成的时代性，才有可能应对新媒体带来的挑战，完成艰巨而复杂的德育工作任务。

4.创新意识

新媒体时代需要德育工作者具有创新意识。创新意识是德育工作者迎接挑战、解决问题、开拓工作新局面的关键。在新媒体时代，面对复杂多变的新情况、新问题，德育工作者必须解放思想，更新观念，抓住机遇，找准切入点，以创新的姿态开拓前进，不断增强德育教育工作的吸引力。德育工作者的创新意识主要体现在三个方面：首先，新媒体时代要求德育工作者具有与时代相适应的创新观念，树立起德育工作网络化的意识，紧跟时代的前进步伐。其次，新媒体时代要求德育工作者要善于针对网络特点，创新工作思路，把富有时代特征的主旋律与网络融合。最后，新媒体时代要求德育教育工作者的方法创新具有时代性，发挥新媒体技术在德育教育工作中的作用，通过网络加强对高校学生的素质教育，增强他们自身的抗干扰能力和免疫力。

二、提高教育者利用和管理网络的工作能力

为适应新媒体时代的要求，提高利用和管理网络的工作能力，德育工作者应从以下四个方面进行培养：

（一）熟练使用常见信息技术工具

德育工作者熟练运用现代信息技术应用于教学活动，能够制作动画课件，利用电子邮件，开辟网络课堂；丰富德育网站上的教案、课件、示范课视频，有效地汇聚德育教育教学资源。

（二）熟练使用网络交流平台软件

德育工作者应建立个人博客，熟练使用 QQ、微信、微博等工具，并大力发挥这些工具在日常班级管理、校园管理上的作用；充分使用这些工具，与学生进行沟通、交流，关注高校学生在网络上的言行，有目的、有意识地从正面引导高校学生；成为校园网络社区的核心成员，以提高德育教育工作水平。

（三）学会利用微信

微信是当前高校学生使用最广泛的手机通信软件。高校学生对微信的广泛使用，对德育工作提出了新的挑战和带来新的机遇。德育教育工作者应使用微信，了解微信的各种功能，探索将微信建设成新的德育教育工作平台和载体的途径，充分利用其功能传播德育教育理论，抢占网络德育教育阵地的制高点。

（四）熟练运用网络技术开展德育理论课的教学

在新媒体时代，德育理论课虽然仍然是学生德育教育的主渠道、主阵地，但传统的灌输式的教育方法已不能适应新媒体时代的要求，灌输式教育向引导式教育的转变已迫在眉睫。因此，德育理论课的教师要熟练把握和运用网络这一工具，加强和改进德育理论课教学，将多媒体与网络技术引入德育理论课教学，做到多媒体网络技术与德育理论课教学的有效衔接。要通过制作多媒体教学课件，以教材体系为线，运用声、像、图文并茂的教学手段，改变以往枯燥乏味的教学方式；对历史资料、理论概念等进行形象化、生动化的展示。还可以通过建立德育理论课教学网站，让学生通过网络自由交流学习心得，把德育理论课教育与网络教育的有机结合，使枯燥的课程变得生动有趣。

三、利用新媒体平台培育德育教育网络意见领袖

培养德育工作者成为网络意见领,是适应新媒体时代德育教育的需要。德育工作者具有丰富的德育教育工作经验、较高的政策理论水平、较强的政治敏锐性和政治鉴别力,能较好地把握正确的舆论导向。目前,德育工作者主要是高校网络意见领袖的重要人选,他们还有更广阔的发展空间。根据新媒体时代德育教育的需要,目前需要着力培养的德育教育网络意见领袖,主要是以下三种类型:

(一)"专业型"的德育教育网络意见领袖

"专业型"的德育教育网络意见领袖从实际出发,改变"大而全"的模式,走精准化路线,着重打造特定领域的民意主导者。在保证其拥有过硬德育素质的基础上,更加重视他们在专业的、特定领域内的权威性。并且,德育教育网络意见领袖擅长的领域要符合高校学生的需要。增强德育教育网络意见领袖的专业性的培养,应针对不同领域话题培育不同的网络意见领袖,加大高校学生网民最为关注的话题领域的意见领袖的培育。德育教育网络意见领袖要掌握某专业领域的相关知识、熟悉该领域现状,以及存在的主要问题、大致的对策与方法,并且对不同的话题应该有不同的引导策略。

(二)"网络平台型"的德育教育网络意见领袖

根据不同网络平台的技术性能、核心功能的不同,网络意见领袖的形成与特点不同,网民的特点也不相同,导致网民对网络意见领袖素质要求也不相同。网络意见领袖功能的发挥,受到网络平台核心功能的制约。因此,对网络意见领袖的引导和培育,离不开对相应网络平台功能与特点的掌握,离不开对网络技术的研究和开发。

网络社群(社交网站、即时通信)的核心功能是现实人际关系的构建与维护,即"熟人交往"。网络社群意见领袖多是基于现实人际关系形成,与现实的意见领袖在一定程度上重合,但并不完全一致。因此,社交网站意见领袖的人选,在平时应与高校学生网民有较多的情感联系,他们应是该网络社群成员均较为熟悉的人。

因此,"网络平台型"德育教育网络意见领袖需要专门化培育,只有对某一个主题的相关知识非常了解、有独到见解,才能发表高质量的观点,才能赢得高校学生网民的信任。

(三)"稳定型"的德育教育网络意见领袖

网络意见领袖赢得高校学生拥护和信任需要长期的努力,绝不是一朝一夕就能形成的。首先,德育教育部门要为其成长创造良好的网络环境,帮助他们解决可能会遇到的网络信任危机;其次,要关心他们的切身利益,为他们提供物质和精神上的保障,消除其后顾之忧;最为重要的是对他们进行有目的、有计划的教育,帮助他们不断提高自身素质和网络舆论引导水平。德育教育应着重培育"稳定型"网络意见领袖,培育的网络意见领袖具有持久的生命力,要坚持科学性与艺术性的统一。科学性是指对网络意见领袖的培育要尊重网络形成、发挥作用的规律。网络意见领袖是自发形成的,是网民自主选择的结果,因此网络意见领袖地位的获得不能靠强制,即使强制也不会有实质性作用。网络意见领袖的影响力归根结底是信息的影响力,网络意见领袖通过设置网络议程、设定议题框架,发表观点来引领网络舆论。对网络意见领袖的培育,应充分尊重顺应这些规律。艺术性指对网络意见领袖的培育要动之以情,晓之以理。相关主管部门要与网络意见领袖平等相处,为网络意见领袖的成长与完善,提供政策支持和技术服务。

四、提升德育工作队伍整体素质

从提升德育工作队伍整体素质方面来说,当前高校德育工作队伍应着力提升"四个素质":

(一)思想素质

要培养高校学生较强的思想素质,德育工作者首先自己必须具有较强的德育素质。为此,高校德育工作者要做到以下几个方面:一要树立社会主义的立场和思想道德观点。新媒体时代尤其要求德育工作者要有坚定社会主义的信念,对中国特色社会主义制度充满信心,在任何复杂的形势下,始终旗帜鲜明地从思想上、行动上与党中央保持高度一致。二要培养高度的责任感和强烈的事业心。德育工作者要正确认识社会形势和自我价值,认识到开展网络德育工作的必要性与紧迫性,热爱德育工作,培养自己高度的责任感和强烈的事业心,以饱满的热情投身于德育教育工作,增强网络德育教育工作的影响力。三要积极进取,具备良好道德素质,提高法律水平。从理性的高度指导和评价自己和学生的道德行为,积极推动良好道德行为的完成和持续发展,坚决同各种网络违法和违反道德的行为做斗争,从而在新媒体环境下以身作则,在潜移默化中对高校学生进行正向的引导,帮助高校学生提高政治素养,完成德育教育的目标。

(二)专业理论素质

德育工作者要通过系统深入地学习,具备扎实的专业理论素质,并且能够根据不断变化的社会现实及时将自己的理论素质进行更新,以适应新媒体时代德育教育的需要。在新媒体环境下,德育工作者一定要注意结合实际情况,主动掌握高校学生德育教育新方法,并结合高校学生在新媒体环境下思维方式、生活方式、学习方式的变化,将新的教育方法落实到德育教育的实践中,并在实践中不断完善新媒体环境下高校学生德育教育新举措。同时,德育工作者只有具备较高的理论素养,才能比较清晰、透彻、正确、生动地讲解相应的德育理论;通过分析现实生活中的重大思想理论问题和实际问题,增强高校学生德育教育的感召力和说服力,得到高校学生的认同。德育工作者只有具备较高的理论素养,才能找到更多与高校学生共同感兴趣的话题,抓住更多有利于德育教育的切入点,促成教育内容向学生的有效传递,感染和激励高校学生,增强新媒体环境下德育教育的效果。

(三)媒体技术素质

在新媒体时代,作为一名合格的德育工作者,不仅要有较高的马克思主义理论水平和德育工作艺术,还要熟练使用新媒体,充分了解新媒体技术,掌握新媒体的特点,科学使用新媒体。德育工作者要主动学习计算机技术、网络技术和手机新媒体的相关应用技术,掌握先进的技术手段,能够利用网络或手机应用与高校学生进行对话、讨论,及时掌握高校学生的思想动态。高校德育工作者与高校学生进行思想上的交流和互动,及时解决学生在网络或手机交流过程中出现的问题,阻断有害信息的传播渠道。高校德育工作者既是高校学生德育教育理论知识的传授者,又是新媒体德育信息的收集者、发布者和管理者。

(四)创新素质

新媒体环境给社会生活带来了全新的体验,改变着人们生活方式、交际方式和思维方式。对高校学生德育教育来说,新媒体环境下的德育工作是一项全新的工作模式,德育教育工作者需要在具体的工作过程中不断地总结经验,摸索并归纳其中的规律,更好地为德育教育服务。当前,德育工作者素质的提升应重点放在提升创新意识和能力上。这就要求德育工作者打破传统观念的束缚,大胆尝试利用新技术、新手段,培养自己的创新思维,并在实践中勇于尝试各种新技术和新手段,善于发现新情况,研究新问题,不断探索网络德育教育工作中的新机制、新方法。只有这样,德育工作者才能具备较高创新素质,才能不断拓宽高校学生德育教育思路,适应新媒体环境下德育教育的发展需要。同时,高校还要根据形势的发展,积极创造条件,为德育工作者建立长效的教育培训机制,从而不断拓宽高校学生德育教育的视野,以适应新媒体时代德育教育工作的需要。

参考文献

[1]任少波.高校德育共同体[M].杭州：浙江大学出版社，2018.

[2]桂捷.高校德育与心理健康教育研究[M].沈阳：东北大学出版社，2018.

[3]白翠红.高校德育思维方式发展研究[M].广州：中山大学出版社，2018.

[4]孔亮.高校德育教育引入传统文化的创新研究[M].北京：世界图书出版公司,2018.

[5]刘丽波.新时期高校德育教育创新发展研究[M].石家庄：河北人民出版社，2018.

[6]陈娟.传统文化与高校德育教育工作融合研究[M].北京：世界图书出版公司,2018.

[7]汤瑞.德育功能背景下高校校园文化建设研究[M].北京：北京工业大学出版社，2018.

[8]鲁君.新时代高校德育创新与对策研究[M].北京：中国商务出版社，2018.

[9]陈安琪,欧甜,周硕.传统文化下的高校生态德育研究[M].北京：世界图书出版公司，2018.

[10]程样国,闵桂林.新时代大学生德育问题新探索[M].南昌：江西高校出版社,2018.

[11]刘忠孝，陈桂芝，刘金莹.高校德育论[M].哈尔滨：黑龙江人民出版社，2019.

[12]李刁.互联网+时代高校德育实践创新研究[M].武汉：华中师范大学出版社,2019.

[13]陈志勇.高校德育成果文库 长安星雨蕴芳华：福建师范大学校报文化副刊选集[M].北京：光明日报出版社，2019.

[14]李宝银.高校德育成果文库 文明之路：福建师范大学文明校园创建纪实[M].北京：光明日报出版社，2019.

[15]李卫东.地方院校德育研究 第11辑：用习近平新时代中国特色社会主义思想引领高校德育[M].武汉：武汉大学出版社，2019.

[16]朱美燕.立德树人：高校生活德育实践[M].上海：上海交通大学出版社，2019.

[17]曲华君,罗顺绸,钟晴伟.德育教育与创新能力发展[M].中国财富出版社,2019.

[18]吴巧慧.应用型大学德育的创新与实：2018[M].北京：北京交通大学出版社,2019.

[19]吕开东.新时代高校思想政治教育工作探索[M].北京：光明日报出版社，2019.

[20]熊焰.基于网络环境的高校学生心理健康教育研究[M].北京：北京工业大学出版社，2019.

[21]桑爱友.高校大学生心理健康教育与发展研究[M].北京：九州出版社，2020.

[22]王刚，曹菊琴.大学生心理健康教育[M].北京：北京理工大学出版社，2020.

[23]张秀娟.大学生心理健康教育[M].长春：东北师范大学出版社，2020.

[24]马立骥.大学生心理健康教育与实训[M].上海：上海交通大学出版社，2020.

[25]沈沛汝.大学生心理健康教育理论与实践[M].北京：北京航空航天大学出版社，2020.

[26]彭宗祥，夏小华，刘科.新时代高校工程德育理论与实践[M].上海：上海财经大学出版社，2020.

[27]董国良.教育理论[M].北京：首都师范大学出版社，2020.

[28]姚上海，等.高校大学生思想政治教育创新案例研究[M].北京：光明日报出版社，2020.

[29]宋阔.微时代背景下高校思想政治模式研究[M].长春：吉林出版集团有限责任公司，2020.

[30]刘洪一.立德树人：德育课情境模拟实验创新研究[M].天津：南开大学出版社，2020.